U0909886

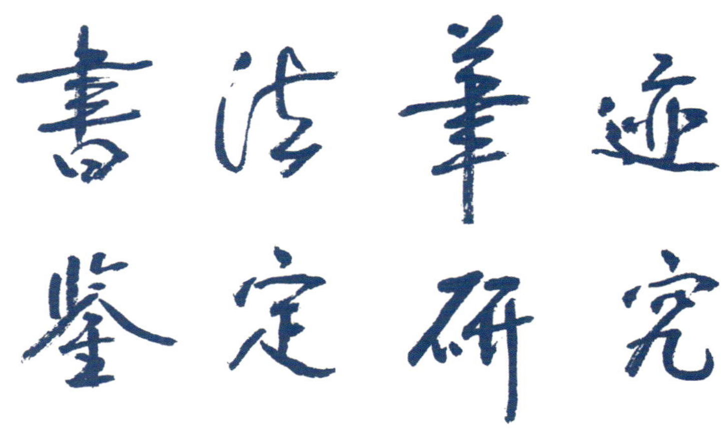

基于检察实践的笔迹学、书法学交叉阐释

神合广　马金剑　等著

中国检察出版社

图书在版编目（CIP）数据

书法笔迹鉴定研究：基于检察实践的笔迹学、书法学交叉阐释 / 神合广，马金剑等著 . —北京：中国检察出版社，2024. 12. —ISBN 978-7-5102-3172-8

Ⅰ . D918.92

中国国家版本馆 CIP 数据核字第 2024KS7554 号

书法笔迹鉴定研究——基于检察实践的笔迹学、书法学交叉阐释

神合广　马金剑　等著

责任编辑：葛晓湄
技术编辑：王英英
封面设计：徐嘉武

出版发行：中国检察出版社
社　　址：北京市石景山区香山南路 109 号（100144）
网　　址：中国检察出版社（www.zgjccbs.com）
编辑电话：（010）86423784
发行电话：（010）86423726　86423727　86423728
（010）86423730　86423732
经　　销：新华书店
印　　刷：北京联合互通彩色印刷有限公司
开　　本：880 mm × 1230 mm　32开
印　　张：7.625
字　　数：156 千字
版　　次：2024 年 12 月第一版　　2024 年 12 月第一次印刷
书　　号：ISBN 978-7-5102-3172-8
定　　价：59.00 元

蒙阴县人民检察院
书法笔迹鉴定研究课题组

组　长： 神合广　马金剑

副组长： 李军磊　张　乾　刘　剑　臧宗兴

成　员：（按姓氏笔画排序）

于晓铮　王　娜　王元峰　王康诚

历　梅　杨官鹏　胡小伟　蹇　星

前　言

关于书法笔迹鉴定，书法界和笔迹司法鉴定界大多持保留态度，这是个很有意思的现象。

一方面，书法界普遍认为笔迹司法鉴定不适用于书法，主要理由是笔迹司法鉴定的方式方法过于机械，无法对书法艺术品格和人文精神等不可量化的内容进行分析。另一方面，笔迹司法鉴定界对于书法鉴定也存有疑虑。很多鉴定人员认为书法较为复杂，很难鉴定。“书法较为复杂”这一判断是正确的，仅就线条变化而言，其丰富程度就远超硬笔。“用其他工具（例如钢笔）书写时线条推进的运动变化也总是存在的，但是它们缺乏线条内部的运动……这种线条内部的运动，是造成书法线条运动复杂性的根本原因。”[1]但是，很难鉴定不等于无法鉴定，如果对书法有充分了解，就可以准确判断线条内部运动形式以及其他要素，从而建立鉴定的内心确信。对于书法笔迹鉴定的可行性不应该存在疑问，号称“新中国第一诈骗案”的王倬诈骗案，就涉及

---

① 邱振中：《书法的形态与阐释》，中国人民大学出版社2011年版，第4—5页。

书法鉴定，是我国鉴定史上代表性案例之一。

目前书法鉴定的实践较少。笔者曾经与三个不同省市的专业司法鉴定机构交流，这些机构表示近年来均未受理过书法笔迹司法鉴定委托。一方面，是因为当事人遇到书法鉴定问题时，更偏向于寻求艺术和文物鉴定专家的帮助；另一方面，也是因为司法鉴定人员对书法鉴定有畏难情绪，可能不予受理。

在早些年的刑事案件办理中，因为缺少鉴定，有些案件无法将涉案书法作品写入认定事实，即使写入，也无法表述其真伪及价值。近些年司法界逐渐出现了一些很有参考价值的意见，例如，有人认为要考虑书法作品是否属于文物，进而按照文物鉴定的流程办理，[①] 但是对于不属于文物的书法作品如何认定真伪并没有详细论述。笔者认为，对于条件允许的，可以优先适用文物鉴定程序，如果不属于文物或者不适宜做文物鉴定，则可以通过笔迹鉴定确定其真伪，其价值认定仍然需要另行委托价格认定机构。

本书侧重于阐释鉴定和书法基础知识异同，以期打通两个领域的隔阂。书法概述部分按照传统书法学习的顺序展开，即从微观到宏观；

① 参见刘霭强、蒋玲军、王天奇：《杨玉成受贿案——职务犯罪涉案书画真伪如何认定》，载最高人民法院刑事审判第一、二、三、四、五庭编：《刑事审判参考》总第125辑，人民法院出版社2020年版。

书法笔迹特征分类部分按照笔迹鉴定相关规定的顺序展开，即从宏观到微观。还有一些价值较高的内容，例如书法技术因素的可分解性、书写衬垫物和书写姿态变化的影响、书法形制等，本书均暂未涉及，留待合适机会再补充。

笔者水平有限，难免有不当之处，敬请各位读者批评指正！

2024 年 6 月

目　录

第一章　书法鉴定检察实践现状

一、检察办案中的书法作品

在检察机关办案实践中，书法作品大多与职务犯罪案件有关，主要涉及司法人员职务犯罪侦查、审查逮捕、审查起诉等办案阶段。书法作品的特殊性使其常常成为贪污、贿赂行为的优先选择。在早些年，笔者所接触到的某些受贿案涉案物品中，就有不少书法作品，个别案件的涉案书法作品数量之多令人咋舌，其中不乏启功、范曾等名家大作，当时我们把这一类型的受贿称为“雅贿”。

“雅贿”并不是新生事物，至少在唐代就有进献书画名作以求加官进爵的，例如，张彦远在《历代名画记》中记载：“或有进献以获官爵，或有搜访以获锡赉。”[①] 明清之时，“雅贿”逐渐成为一种社会风气，一定程度上促进了书画创作，也催生出了具有相当规模的书画造假集团，称为“片”或者“造”，如明代的“苏州片”、清代的“扬州造”等。“片”“造”的影响力直至今日仍在延续，并衍生出一些分工明确、风格独特的造假团伙，有些作伪水平很高。

贪污贿赂案件中的书法作品主要有两种作用：

---

① （唐）张彦远：《历代名画记》，人民美术出版社2004年版，第148页。

一是体现金钱价值，即书法作品自身的变现能力。这是案件中书法作品最常见也最实用的价值，此时，书法作品和现金或者其他物品并无区别，容易变现的名家作品等“硬通货”属于首选。

二是作为变现工具。个别案件中，书法作品仅仅是作为贪贿者变现的工具，例如，受贿者以不正常的高价将书法作品“出售”给行贿者，名为“出售”，实为受贿。在这种情形下，书法作品自身的价值乃至真伪并不重要，收送双方对书法作品的真实价值往往也都是心知肚明的。

二、书法鉴定的检察实践

（一）检察实践中的笔迹鉴定需求

在复杂案件中，笔迹鉴定不仅是对笔迹真伪的简单判断，更是深入剖析书写者心理、习惯乃至案件背景的关键环节。书法笔迹鉴定不仅关乎笔迹学、书法学的深度挖掘，更涉及法学、心理学等跨学科知识的综合运用。通过对书写者笔迹的细致分析，可以揭示其书写习惯、性格特点、心理状态乃至生活背景，为案件侦破提供重要线索。同时，书法笔迹鉴定也是证据认定中不可或缺的一环，其鉴定结果直接关系到案件的性质、定罪量刑等关键问题。因此，加强书法笔迹鉴定的研究与实践，对于提升司法公正性、保护当事人合法权益具有重要意义。

就证据的确凿性而言，笔迹鉴定以其独特的专业性和精确性，为案件的审查提供了坚实支撑。在复杂多变的犯罪手法中，许多犯罪行为因缺少直接证据难以锁定，而笔迹作为个体独特的书写习惯表现，其独特性、稳定性和不变性使其成为识别犯罪嫌疑人身份的重要线索，从而证明或高度指向犯罪嫌疑人实施了特定的犯罪行为。

笔迹鉴定在增强证据充分性方面也发挥了重要作用。在刑事案件中，证据的数量与种类往往决定了案件事实的还原程度，单一的证据难以形成完整证据链，而笔迹鉴定则可以作为连接不同证据环节的重要桥梁。例如，在伪造文书案件中，笔迹鉴定可以揭示伪造者身份，还能与伪造文书内容、来源、流转情况等证据相互印证，共同构建出犯罪行为的完整图景。这种多证据相互呼应、相互支持的格局，可以有效排除合理怀疑，增强证据链的完整性和说服力，帮助办案人员建立内心确信。

（二）鉴定形成的诉讼阶段

从原理上来说，鉴定可以在诉讼的各个阶段形成，但是在实践中，对涉案书法作品的笔迹司法鉴定一般需要在侦查（调查）阶段形成，以作为证据移送检察机关审查。如果缺少相关鉴定意见，检察机关往往要求侦查（调查）机关补充侦查（调查），如确实无法补充的，将以事实不清、证据不足为由，对相关事实不予认定。

以某职务犯罪案件为例，A 县监察委员会将该案移送 A 县检察院审查起诉，所扣押的书法作品作为物证一并移送。A 县检察院在审查中发现，对相关书法作品的真伪和价值，犯罪嫌疑人供述和证人证言存在较大矛盾，且作品均未进行鉴定，遂将该案退回补充调查。A 县监察委员会委托鉴定机构鉴定后，补充了部分书法作品鉴定意见，但仍有部分书法作品无法鉴定。A 县检察院遂仅对有鉴定意见的书法作品价值予以认定并写进起诉书。

检察机关所办理的案件大多处于中间环节，所以检察机关很少直接委托书法笔迹鉴定。例外情形有二：

一是检察机关直接立案侦查的案件。又可分为两种类型："人民检察院在对诉讼活动实行法律监督中发现的司法工作人员利用职权实施的非法拘禁、刑讯逼供、非法搜查等侵犯公民权利、损害司法公正的犯罪"和"公安机关管辖的国家机关工作人员利用职权实施的重大犯罪案件，需要由人民检察院直接受理的"。[①]

二是自行补充侦查。《刑事诉讼法》第一百七十条规定："人民检察院对于监察机关移送起诉的案件……必要时可以自行补充侦查。"第一百七十五条规定："人民检察院审查案件，对于需要补充侦查的，可以退回公安机关补充侦查，也可以自行侦查。"

（三）书法鉴定及书法笔迹司法鉴定现状

近些年出现了一批开展书画鉴定业务的机构，逐渐受理了一些办案机关的鉴定委托。但是这些机构均未列入司法部及各省司法厅公布的司法鉴定机构名册，因此不具备司法鉴定资质，其鉴定服务大致可以看作"有专门知识的人"作出的专家意见，并不属于司法鉴定意见，可以暂时称为"普通鉴定"以示区别。

书法笔迹司法鉴定属于司法鉴定范畴，但是很少能找到受理委托的司法鉴定机构。专业司法鉴定人员普遍认为，书法属于笔迹，相关规定也把毛笔书法纳入了笔迹鉴定范围，但是目前绝大多数鉴定人员的知识结构不足以支撑书法鉴定，所以鲜有受理的案例。

在同某市公安局专业司法鉴定人员交流时，他们提出，早些年并

---

① 参见《人民检察院刑事诉讼规则》第十三条。

未出台专门针对中国传统书法的司法鉴定国家标准、行业标准以及资质标准，而是把相关鉴定纳入笔迹鉴定范围，有其特定时代背景，即在毛笔作为重要书写工具的时期，鉴定人员普遍具备一定书法知识，足以支撑鉴定工作的开展。但是时至今日，书法已经不再属于“日常知识”，所以有必要形成专门针对中国传统书法（包括传统绘画）的相关标准和机制，从而推动书法司法鉴定规范、有效开展。

普通鉴定与司法鉴定的法律效力不同，不宜混同。两者一般可以通过审查鉴定机构和鉴定人员资质的书面材料来区分，即鉴定机构是否有司法部门颁发的司法鉴定许可证、鉴定人员是否有司法部门颁发的司法鉴定人员执业证。

（四）书法的证据审查及事实认定

有的涉案书法作品价值较高，足以影响案件定罪量刑，甚至起到“一锤定音”的作用。如某盗窃案，A盗窃他人物品一宗，其中有一张赵朴初款的四尺斗方（约4平尺）书法，其他物品经鉴定价值人民币300余元，如果该书法鉴定为真品，其价值较高，则A不仅构成盗窃罪，还可能跨入更高的量刑档次①；如果鉴定为伪作，则A不构成犯罪。

① 《刑法》第二百六十四条规定：“盗窃公私财物，数额较大的，或者多次盗窃、入户盗窃、携带凶器盗窃、扒窃的，处三年以下有期徒刑、拘役或者管制，并处或者单处罚金；数额巨大或者有其他严重情节的，处三年以上十年以下有期徒刑，并处罚金；数额特别巨大或者有其他特别严重情节的，处十年以上有期徒刑或者无期徒刑，并处罚金或者没收财产。”《最高人民法院、最高人民检察院关于办理盗窃刑事案件适用法律若干问题的解释》（法释〔2013〕8号）第一条规定：“盗窃公私财物价值一千元至三千元以上、三万元至十万元以上、三十万元至五十万元以上的，应当分别认定为刑法第二百六十四条规定的‘数额较大’‘数额巨大’‘数额特别巨大’。”

此时，就很有必要谨慎确定该书法的真伪及价值。

早些年很难找到愿意做书法鉴定的机构，曾有反贪部门办案人员先后到多家司法鉴定机构和荣宝斋等书画类专业公司咨询，均未能成功委托鉴定。在涉案书法作品鉴定空缺的情况下，承办检察官很难认定相关事实，即便在内部审查报告中提及该书法作品，提起公诉时也无法写进起诉书。

检察人员在办案时，一般不会对涉案书法作品的真伪和价值自行作出判断，而是依赖于各种证据，例如犯罪嫌疑人供述和辩解、证人证言、司法鉴定意见等。供述及证言具有主观性、易变性等特点，严格依法定程序作出的鉴定意见则要更客观、更稳定，所以应当优先采纳。如的确无法鉴定，实践中通常做法是向书法家本人及其近亲属、门人弟子或者其他书法行业专家等求证，形成书面证言。但是此类证言的客观性和真实性都有风险，需要结合其他证据综合考虑是否采纳。

对于传统书法鉴定模式形成证据的审查，可以参见后文“传统鉴定模式的证据审查”部分。对于司法鉴定机构出具的笔迹鉴定意见书，按照鉴定意见类证据的审查要点进行审查即可，重点关注以下内容：第一，证据的客观性要求书法笔迹鉴定必须基于真实可靠的物质载体，确保鉴定材料的原始性与未经篡改性；第二，证据的关联性强调笔迹鉴定意见与案件待证事实紧密联系；第三，证据的充分性要求书法笔迹鉴定意见必须与其他证据相互印证，形成完整证据链。

笔迹鉴定意见的充分性，不仅体现在其本身的科学性与权威性上，更体现在其能否与其他证据如物证、证人证言、电子数据等相互补充、相互印证，共同构建出一个完整、闭合的证据体系。

如果是普通鉴定，一般应当重点审查以下内容：

1. 鉴定机构及鉴定人员资质

普通书法鉴定机构没有司法鉴定许可证，只有营业执照，执照的“经营范围”会明确该机构是否可以从事书法鉴定业务。

鉴定人员资质问题较为复杂。经考察部分普通书法鉴定机构，发现其书法鉴定专家库成员以文物收藏界和艺术品经营界人士为主，绝大多数均无专业司法鉴定从业经历。实践中常见的“文物艺术品鉴定师”“文物艺术品鉴赏师”“艺术品鉴定师”“书画鉴定评估师”等称谓，均未被列入《国家职业资格目录（2021 年版）》，笔者也暂未见到含有上述称谓的正式从业资格证书。

在笔者所见到的案卷材料中，虽然书法鉴定文书的正文中会写明鉴定人员身份为“某鉴定师”，但是均未附上鉴定人员从业资格证书，而是以某些机构的培训证书代替。严格来讲，培训证书只能证明曾经参加某些培训并通过培训考核，而不是必然能够获得从业资格证书，培训证书只是获得从业资格证书的前置条件之一，两者并不是一回事，不能混用。

2. 鉴定文书名称

司法鉴定文书名称一般为“某某鉴定意见书”[①]，普通鉴定文书名称

① 《全国人民代表大会关于修改〈中华人民共和国刑事诉讼法〉的决定》（2012 年 3 月 14 日第十一届全国人民代表大会第五次会议通过）规定：“将第一百二十一条、第一百五十七条中的‘鉴定结论’修改为‘鉴定意见’。”在此之前，鉴定文书名称多使用“鉴定结论”。

一般为“某某鉴定报告书”，但是也有直接写为“某某鉴定意见书”的。

3. 鉴定依据

普通书法鉴定一般不会以司法鉴定国家标准和行业标准为鉴定依据，在引用依据时往往比较随意。例如，在对某当代书法家 W 的作品进行鉴定时，鉴定机构在其文书中写明其鉴定依据为《涉案文物鉴定评估管理办法》（文物博发〔2018〕4 号）和《艺术品经营管理办法》（中华人民共和国文化部令第 56 号）。《艺术品经营管理办法》中有关于艺术品鉴定的内容，可以作为鉴定依据，但是以《涉案文物鉴定评估管理办法》为依据则值得商榷，因为 W 的书法作品并非文物。

4. 鉴定方法

普通书法鉴定一般会在文书中写明其鉴定方法为“专家咨询法”。“专家咨询法”，一种定义为“采用匿名方法征求专家意见，对所要解决的问题进行定性和定量测评的一种方法。在国外称‘德尔斐法’”[①]。也有意见认为，“专家咨询法是对市场法的一种模拟，它是将专家设定为市场潜在购买者，利用其知识、经验和分析判断能力对价格鉴证标的进行鉴证的一种方法”[②]。从本质上来说，两种定义并无区别，但是侧重点有所不同，其中，后一种定义在普通书法鉴定机构的实践中更常见。

有的普通书法鉴定文书会对“专家咨询法”的内涵作进一步细化，

---

① 中国科学技术协会组织人事部、干部学院编：《科协工作简明词典》，中国科学技术出版社 1997 年版，第 52 页。

② 陈峻主编：《价格鉴证理论与实务》，中国物价出版社 2003 年版，第 51 页。

例如，有的会对“利用其知识、经验和分析判断能力对价格鉴证标的进行鉴证”作进一步说明——“就是我们平常所说的‘眼力’”。结合前文所述鉴定专家库成员的从业经历来看，这些鉴定机构对书法真伪的鉴定，仍然是以传统“目鉴”为主，只是以“鉴定报告”等文书的形式表现出来而已。

5. 鉴定证据

根据《艺术品经营管理办法》第十一条之规定，鉴定、评估结论应当包括作出鉴定意见的证据。这里所说的证据，应当理解为证明其鉴定意见的所有相关材料。对证据的分析、使用情况以及支持其意见的论证过程是否要写入文书，第十一条并未明确规定。笔者倾向于肯定意见，理由有二：

一是加强分析与说理是法律类文书的通行做法；二是加强分析与说理，倒逼鉴定机构和鉴定人员提高业务规范性，强化鉴定的程序性和权威性。

但是在实践中，普通书法鉴定文书大多既不写明鉴定所使用的证据，也缺少分析与说理，使人无从得知其鉴定逻辑，也无法判断其鉴定意见的客观性与真实性。从长远来看，这种做法不利于书法鉴定行业的健康发展。

第二章　笔迹司法鉴定概述

一、司法鉴定概述

（一）司法鉴定的概念

根据《全国人民代表大会常务委员会关于司法鉴定管理问题的决定》（以下简称《决定》）规定，司法鉴定是指在诉讼活动中鉴定人运用科学技术或者专门知识对诉讼涉及的专门性问题进行鉴别和判断并提供鉴定意见的活动。在我国，通过《决定》以法律形式对“司法鉴定”进行权威界定，并规定法医类鉴定、物证类鉴定、声像资料类鉴定等三大类属于司法部管理范围，体现了司法鉴定法律性和科学性的双重属性。

（二）司法鉴定的特点

司法鉴定区别于一般鉴定，强调在诉讼过程中鉴定人运用科学技术手段或者专门性知识，对诉讼中的专门性问题进行检验、鉴别和判断，并提供负责任的鉴定意见。因此，司法鉴定不仅是科学活动，还因其服务于诉讼活动而具有超出一般技术活动的法律要求。

首先，司法鉴定的各个环节，包括申请、检验鉴别、出具鉴定意见，以及出庭质证等都必须严格依照法律规定和相关管理规范进行，以确保司法鉴定活动的公正性、准确性和有效性；其次，司法鉴定的实施主体是法定鉴定机构内具有法定资质的司法鉴定人员，在进行司法鉴定的过程中应当保持不偏不倚，依据法律规定和科学规则开展鉴定活动，且与待鉴定的事实不能具有任何利益和冲突，司法鉴定人是独立诉讼参与人，有依法出庭、接受法庭询问和作证的法律义务；最后，鉴定意见是法定证据的一种，是对诉讼中涉及的专门性问题进行直接回答，且因其本身的科学性和可靠性，对其他证据可以起到补充和强化作用，在诉讼活动中倍受司法机关和当事人重视。

开展司法鉴定活动应当遵循和采用所涉及专业领域的技术标准和技术规范。目前，我国司法鉴定标准包括国家标准、行业标准和专家认可的标准。鉴定人员进行司法鉴定，采用的技术规范应遵循以下标准：一是鉴定方法标准，鉴定方法因领域和目的不同而有所区别；二是鉴定规范标准，不同鉴定领域所应遵循的具体鉴定规范、流程、标准等；三是鉴定意见标准，鉴定意见应具有准确性、可靠性、客观性；四是鉴定报告标准，鉴定报告应当包含的内容、格式、规范等。总而言之，不同鉴定领域的具体司法鉴定技术标准有所不同，但都要求应当以规范化、标准化流程进行。

二、笔迹概述

（一）笔迹的概念

笔迹在古代称为“手迹”或“手书”，晋代开始称为“笔迹”并沿用至今。在不同的学科领域，对笔迹进行定义的侧重点不同。在司法鉴定领域，《刑事侦查》中对笔迹的定义为：“笔迹是指书写人利用书写工具、按照一定的书写规范通过书写动作在书写面上形成的痕迹。它能客观反映出书写人的书写技能和书写习惯特点，是笔迹鉴定的对象。”[①]《笔迹检验理论与实践》中对笔迹的定义是：“书写符号所反映出来的书写动作痕迹及其内容，以及两者之间所显示的空间位置关系特点的总和。”[②]

形成笔迹需要具备以下三个要素——文字符号、书写工具和书写活动，缺一不可。书写活动是形成文字符号的动力，书写工具是形成文字符号的关键因素，文字符号按照一定的规则构成数字、字母或单字，从而形成笔迹。

（二）笔迹的特征

《笔迹鉴定学》中将“特征”定义为：具体事物与标准（共性）比较生成的结果，是两个具体事物间比较的纽带，而不是两个事物间比较得出的差额结果，具体征象与标准差异程度大小决定畸形程度，畸形程度越高越好识别。[③]《笔迹学》中将“汉字笔迹特征”定义为：与规范的书写动作不同的书写特点所反映出来的痕迹，认定一个字、一个组成部分、一个笔画是否属于笔迹特征，是与规范的书写动作相比较而言。如果某个字、某个字的一个组成部分、某个笔画与同一种书体的规范书写动作有不同之点，即可认定为笔迹特征。[④]

① 赵光全主编：《刑事侦查》，中国政法大学出版社2012年版，第83—84页。

② 贾俣：《笔迹检验理论与实践》，河南人民出版社2019年版，第15页。

③ 参见李文：《笔迹鉴定学》，中国人民公安大学出版社2008年版，第142—144页。

④ 参见邹明理、李纯实：《笔迹学》，四川科学技术出版社1988年版，第126—127页。

由文字符号组成的笔迹是语言文字的载体，这些文字符号必须通过一定的规则和规范，才能达到使用文字的目的。语言文字规范来源于政府制定和民间约定。前者是政府有关部门根据本国语言文字传统、社会经济水平、科技文化发展等状况制定的，在一国范围内强制推行的语言文字规范；后者是民众依照民族传统文化、语言文字习惯等状况约定俗成的，仅在一定区域范围内流传使用的语言文字规则。[①] 因此，书写人在使用文字时，会反映出其所属国家或地区的语言规则规范特征，并与文字随之出现空间布局、语言表达等痕迹相结合，共同组成反映书写人各方面的特点笔迹特征。

综上，笔者认为，笔迹特征是笔迹中能够区别于规范书写的语言文字的各种痕迹的总和。

（三）笔迹的作用

笔迹是区分个人身份的重要标识。在现代笔迹鉴定的科学技术出现之前，以观察字形、笔画等方式，结合鉴定人的视觉判断和经验，通过分析书写速度、书写压力等特征来辨别笔迹真伪，是进行笔迹检验的主要方法。因此会有书写人出于隐藏身份、混淆视听、伪装他人等目的而故意摹仿他人笔迹的行为，这种笔迹通常能够体现被摹仿人的笔迹特征和摹仿人的笔迹特征，为笔迹鉴定增加难度。

笔迹分析能够探究书写人的心理特征。笔迹心理分析是心理学的一种研究方法，这种方法的独特性在于通过笔迹的分析来掌握书写人的心理特点，使得书写人写的字除了具有语言符号的交际功能之外，

---

① 参见王少仿：《可疑笔迹检验》，武汉大学出版社2016年版，第38页。

兼具反映人的心理的功能，且这一点书写人本人在书写时通常是意识不到的。[①]笔迹心理分析区别于笔迹鉴定，前者是通过比较分析笔迹的异同，得出笔迹特征与书写人的心理之间的关系，后者则是侧重于通过分析笔迹特征来达到辨别真伪或者确定书写人身份的目的。

笔迹具有信息传递和表达情感的作用。笔迹作为书写人思想的载体，首先是具有信息传递作用，笔迹组成的文字、符号或者图案等能够传达书写人的目的、思想或者指令。其次是笔迹表达情感的作用，一方面，笔迹作为一种语言载体，能够传达书写人的内心情感；另一方面，书写人在不同情绪状态下的书写机制略有不同，刘熙载曾言："扬子以书为心画，故书者也，心学也。"[②]书写人往往会无意识地将情绪融入笔迹之中，从而使他人在观察或解读其笔迹时，能够从中感受到书写人作出笔迹时的情绪。

三、笔迹鉴定概述

笔迹司法鉴定在现代法庭科学中具有重要的地位和作用，笔迹司法鉴定意见能够为公安机关、检察院、法院等司法行政机关提供客观证据，从而预防犯罪、打击犯罪、保护正当合法权益。

随着科学技术的发展，笔迹司法鉴定越来越规范，鉴定的方式也越来越多，其鉴定意见的准确率理论上可以达到极高的水平。笔迹司法鉴定意见能够为交易、公证、仲裁及司法机关办案提供重要参考依

---

① 参见张福全：《笔迹心理分析》，安徽人民出版社2010年版，第2—3页。

② （清）刘熙载著作、王气中笺注：《艺概笺注》，贵州人民出版社1986年版，第439页。

据，且对于许多诉讼案件来说，在认定与文字相关的证据时，如签名、合同、遗嘱等手写文字材料，笔迹鉴定意见往往会对司法人员认定证据产生很大影响，实践中，如果当事人没有足以反驳笔迹鉴定意见的相反证据和理由，司法人员通常会认定该笔迹司法鉴定意见的证明力。

总而言之，笔迹司法鉴定在司法实践、财产权益保护、学术研究、文化传承等各方面都显得尤为重要，因此，有必要开展对笔迹司法鉴定的研究，探索解决笔迹司法鉴定在实践中的困境，进一步推动笔迹司法鉴定的发展和应用。

（一）笔迹鉴定的概念

根据《笔迹鉴定技术规范》（以下简称《笔迹规范》）3.34 的规定，笔迹鉴定（forensic identification of handwriting）是指具有专门知识的人，通过将检材与样本字迹的笔迹特征进行比较检验，对检材字迹的书写人或与样本字迹的同一性进行检验和鉴别的专门技术。

我国古代就有利用笔迹鉴定来断案的记录，例如在《史记·封禅书》中记载的西汉“帛书饭牛”案：“齐人少翁以鬼神方见上……居岁馀，其方益衰，神不至。乃为帛书以饭牛，详不知，曰言此牛腹中有奇。杀视得书，书言甚怪，天子识其手书，问之人，果是伪书。于是诛文成将军，隐之。”[①] 汉武帝通过直观比较，辨认出帛书上的笔迹是伪造的，从而识破了文成将军的骗局。

近代以来，随着西方法学理论的传入和科学技术的发展，我国笔

---

① 王关林、康华编：《二十四史（附清史稿）》（第一卷），中州古籍出版社 1998 年版，第 63 页。

迹鉴定技术也逐渐推广，鉴定方法和技术手段不断更新完善，例如显微镜、光谱分析、液相色谱分析等工具和技术的出现，提高了笔迹鉴定的准确性。在现代司法实践中，笔迹鉴定具有广泛的应用，包括但不限于伪造签名鉴定、遗嘱真伪鉴定、匿名信件确定作者等方面。

（二）笔迹鉴定的特点

笔迹鉴定具有客观性和科学性，鉴定人通常依据笔迹书写人长期形成的书写习惯所呈现出的固有书写特征，对需要鉴定的笔迹进行判断，看其样本笔迹所呈现的特征是否与检材字迹一致，并由此判断二者是否系同一人书写。① 笔迹特征必须是书写技能与习惯的反映，它不但是稳定、重复再现的，而且要有一定的特殊意义。鉴定人经过认真分析研究，从检材笔迹中选择出可供比较的笔迹特征，而不是把笔迹中所有表现都当作特征使用。② 但是，同一人的笔迹在不同时期、不同场所、不同书写工具等条件下，在自身同一中亦包含着差别和变化，且书写人的笔迹在采用不同的书写技巧时也会呈现一定的差异，这就给笔迹鉴定带来许多复杂的情况。因此，笔迹鉴定应当由具有鉴定资质的机构进行，鉴定人不仅需要遵守相应的操作程序，以确保鉴定结果的客观性，还需要有科学理论作为指导，以确保鉴定结果的科学性。

笔迹鉴定首先需要有检材，如笔迹、打印文件等，原则上需要提供原件，以复印件为笔迹载体进行笔迹鉴定，则要求笔迹清晰，且复

---

① 参见耿换芬：《笔迹鉴定受案取样时应注意的问题》，载《法制博览》2024 年第 6 期。

② 参见陈晓红：《司法笔迹鉴定》，科学出版社 2018 年版，第 50 页。

印件必须得到对方当事人的认可；其次需要有样本，如书写人同年或者相近年份的真实笔迹样本，或者当事人案后根据鉴定机构要求书写的实验样本；最后，通过对比检材与样本笔迹进行分析，对鉴定过程和鉴定结果形成书面报告，作为纠纷调解、行政决策、科研活动或司法活动的参考依据。

笔迹鉴定的任务主要包括三个方面：一是根据被检验文书上文字书写水平和书面语言特点，分析书写人的某些情况，如文化程度、职业、居住区域、社会经历、年龄等；二是确定文书字迹是否由某个人所书写；三是确定几处字迹是否同系一人书写，为进一步确定文书是否系变造，或是否需要并案侦查提供依据。①

（三）笔迹鉴定的科学原理

人在书写练习过程中，大脑皮层接受一定顺序出现的复合刺激，形成与之相适应的暂时联系（条件反射）系统。经过反复的书写联系刺激，即可形成书写动力定型。书写动力定型一旦稳定下来就具有相对稳定性（即使受到主、客观因素的干扰，也会在一定程度上展现出来）。并且，受生理结构、教育程度、书写练习情况、气质个性等因素综合影响，每个人都会形成带有个性特点的书写动力定型。同时，作为一种暂时联系（条件反射）系统，书写动力定型可能在不断刺激下进一步强化，也可能因刺激的减弱而退化、消失或被新的暂时联系所代替。

---

① 参见徐立根：《物证技术学》，中国人民大学出版社 1990 年版，第 294—295 页。

书写习惯的生理机制就是建立在条件反射基础上的书写动力定型。书写动力定型的自身相对稳定、不同人各不相同以及具有一定的可塑性，决定了书写习惯的自身相对稳定、不同人各不相同以及具有一定的可塑性。

笔迹作为书写习惯的“外化”，是书写习惯的“载体”。它能够客观地反映书写人的书写习惯（笔迹的反映性），并因书写习惯的相对稳定性而相对稳定（笔迹的自身同一性，或称相对稳定性）、因书写习惯的演化而演化、因不同人书写习惯的不同而表现出彼此笔迹的总体差异（笔迹的总体特殊性）。

笔迹鉴定，就是通过对两份笔迹的比对，分析研究双方背后的书写习惯，根据书写习惯是否同一得出两份笔迹是否为同一人书写的判断。当然，笔迹在反映书写人书写习惯的同时，还会因故意伪装、反常的生理心理状态，以及书写条件变化等产生一定的变化（这属于笔迹的附加成分），这需要我们结合案情和笔迹的具体表现，去伪存真，通过把握反映书写习惯的、带有个性的笔迹特征，客观比较双方书写习惯是否同一。

（四）笔迹鉴定方法简介

直观比较法是笔迹鉴定的基础手段，通过肉眼直接观察检材笔迹与样本笔迹的细微差别，如笔画的形态、连笔方式、书写速度等，初步判断两者是否具备相似的书写习惯特征。此方法虽简单直观，但在处理复杂案件或细微差异时就显得力不从心，需要结合其他更为精细的分析手段以增强判断的准确性。

特征分析法是对直观比较法的深化，对鉴定人员的专业素养与观察力要求较高。通过对检材笔迹的起笔、收笔、转折、搭配等独特书写特征的细致分析，并与样本笔迹进行逐一比对，寻找两者之间的相似性与差异性。这一过程大多需要借助现代科技手段，如显微镜观察、图像处理技术等，以实现对笔迹特征的精准捕捉与量化分析。

统计分析法的引入，为笔迹形成时间鉴定提供了更为科学、客观的分析工具。该方法运用统计学原理，对检材笔迹与样本笔迹中的特征进行量化处理，通过计算特征出现的频率、比例等参数，构建数学模型进行相似度评估。这种方法能减少人为判断的主观性，也能为后续的实验验证提供重要参考依据。

实验验证法要求鉴定机构在特定条件下，模拟检材笔迹的书写环境与条件，让被鉴定人或相关人员书写实验样本。通过对比实验样本与检材笔迹的相似度，可以进一步验证直观比较法、特征分析法及统计分析法的结论。

近年来，随着技术的不断进步，笔迹鉴定领域也迎来了革新。图像处理技术、人工智能识别技术以及数字化存储与检索技术的应用，共同推动了笔迹鉴定工作的现代化与高效化。

图像处理技术的应用，使得检材笔迹和样本笔迹的数字化处理成为可能。通过专业的计算机图像处理软件，可以轻松地对笔迹进行放大、缩小、旋转和滤波等操作。这不仅有助于更清晰地观察笔迹的细微特征，还极大地提高了鉴定的准确性和工作效率。

在人工智能识别技术方面，通过训练机器学习模型，能够自动识别笔迹中的关键特征，并将其与样本库中的笔迹进行快速比对。这种技术手段大大缩短了鉴定周期，同时保证了鉴定结果的客观性和准确性。

数字化存储与检索技术的运用，极大方便了笔迹信息的存储和查询。通过建立专业的笔迹鉴定数据库，能够以数字化形式长期保存检材笔迹和样本笔迹，并通过高效的检索算法，在需要时迅速定位到相关信息。

（五）笔迹鉴定技术规范

由于我国法庭科学标准化工作主要由政府主导，呈自上而下的管理模式，目前笔迹鉴定标准基本可以分为两个体系[①]，一是全国刑事技术标准化技术委员会（SAC/TC 179）编制的标准体系，其下的笔迹鉴定标准为2021年10月14日公安部发布的公共安全行业标准《法庭科学笔迹检验规范》（GA/T 1953—2021），与之相关的涉及笔迹鉴定的标准还有《法庭科学笔迹鉴定意见规范》（GA/T 1310—2016）、《法庭科学正常笔迹检验技术规程》（GA/T 1313—2016）、《法庭科学摹仿笔迹检验技术规程》（GA/T 1442—2017）、《法庭科学笔迹特征比对表制作规范》（GA/T 1443—2017）、《法庭科学笔迹检验样本提取规范》（GA/T 1444—2017）、《法庭科学书写条件变化笔迹检验规程》（GA/T 1697—2019）、《法庭科学复制笔迹检验指南》（GA/T 1699—2019）等；二是司法部提出并归口，中国国家标准化管理委员会于2018年

① 参见翟晚枫、张宁、花锋：《中外法庭科学标准体系建设比较研究》，载《刑事技术》2022年第3期。

发布的国家推荐性标准《笔迹鉴定技术规范》（GB/T 37239—2018），其前身是2010年司法部发布的《笔迹鉴定规范》（SF/Z JD0201002—2010），与其相互支撑的是国家推荐性标准《文件鉴定通用规范》（GB/T 37234—2018）。目前，笔迹鉴定依据主要是《笔迹鉴定技术规范》（GB/T 37239—2018）、《手写电子签名笔迹鉴定技术规范》（SF/T 0138—2023）。[①]

根据《笔迹鉴定技术规范》（GB/T 37239—2018），笔迹鉴定意见分为三类九种：第一类是确定性意见，包括肯定同一、否定同一；第二类是非确定性意见，包括极可能同一、极可能非同一、很可能同一、很可能非同一、可能同一、可能非同一；第三类是无法判断。

在后续论述中，我们将以《笔迹鉴定技术规范》的规定作为主要分析脉络，兼顾其他规定的内容。

（六）其他相关鉴定技术规范

除笔迹鉴定专门规定文件之外，还有一些与笔迹鉴定有关的文件，在实践中往往与笔迹鉴定配合使用，择要概述如下：

1. 文件鉴定通用规范

根据《文件鉴定通用规范》3.25规定，文件鉴定（forensic document examination）文书鉴定，是指具有专门知识的鉴定人，运用文件检验学的理论、方法和专门知识，对可疑文件的书写人、制作工具、制作材料、制作方法、性质、状态、形成过程、制作时间等进行检验和鉴

① 参见张宇宽、施少培、王雅晨、孙年峰：《笔迹鉴定标准比较研究》，载《中国司法鉴定》2024年第1期。

别的专门技术。《文件鉴定通用规范》6.4.2.1 规定，文件鉴定中，构成文件的系统要素包括文件的形式、内容、言语、笔迹、材料、工具、印迹、污损、防伪标记及其他痕迹等内部要素，以及与鉴定有关的人、物、事、时间、地点、方法、物质条件等外部要素。鉴定人通过分析检材具体情况，运用专门知识和技术分析构成检材的系统要素及其相互之间的关系，并根据相关技术要求和技术规范，选择相应的鉴定方法，得出客观的鉴定意见。文件鉴定相关技术主要解决笔迹、印章、印刷方法的同一性问题，以及纸张、字迹、墨迹的来源等一系列问题。[①]

《文件鉴定通用规范》1 规定，本标准适用于司法鉴定 / 法庭科学领域中文件鉴定涉及的全部鉴定项目。该规范为文件的鉴定工作提供了统一的技术标准和操作规范，因此，与文件相关的鉴定工作均可适用。与文件鉴定有关的其他文件鉴定的国家标准主要有：《印章印文鉴定技术规范》（GB/T 37231—2018）、《印刷文件鉴定技术规范》（GB/T 37232—2018）、《文件制作时间鉴定技术规范》（GB/T 37233—2018）、《文件材料鉴定技术规范》（GB/T 37235—2018）、《特种文件鉴定技术规范》（GB/T 37236—2018）、《篡改（污损）文件鉴定技术规范》（GB/T 37238—2018）、《笔迹鉴定技术规范》（GB/T 37239—2018）等。

2. 文件材料鉴定技术规范

根据《文件材料鉴定技术规范》3.9 的规定，文件材料鉴定（forensic

① 参见欧阳国亮：《把书画鉴定置于“司法”之中、“云端”之上》，载《艺术市场》2021 年第 2 期。

examination of document material）是指具有专门知识的鉴定人，采用理化检验方法对可疑文件的物质材料特征进行检验，或通过检材与样本文件材料的比较检验对其种类进行检验和鉴别的专门技术。文件材料鉴定技术规范包含了对文件、印章、纸张、笔迹、印记、盖章等方面的鉴定技术要求和标准。鉴定人通过委托方提供的送检材料和提出的鉴定要求，运用掌握的专业知识、技能、经验，对观察到的各种现象和运用各类仪器设备检测的结果进行综合分析，并作出科学判断，[①] 可以确定文件的书写人、制作工具、制作材料、制作方法、内容、性质、状态、形成过程、制作时间等。

我国现行的文件材料鉴定技术规范主要有以下国家标准：《文件鉴定通用规范》（GB/T 37234—2018）、《文件材料鉴定技术规范》（GB/T 37235—2018）、《文件制作时间鉴定技术规范》（GB/T 37233—2018）和《特种文件鉴定技术规范》（GB/T 37236—2018）。

3. 印章印文鉴定技术规范

根据《印章印文鉴定技术规范》3.22 的规定，印章印文鉴定（forensic identification of stamp impression）是指具有专门知识的鉴定人，通过将检材与样本印文的印文特征进行比较检验，对检材与样本印文的同一性作出检验和鉴别的专门技术。印章印文是文件真实性的一种凭据，印章印文鉴定作为文件检验鉴定领域的重要组成部分，一直在打击违法犯罪、维护广大人民利益方面发挥着重要作用。在司法实践中，鉴

① 参见杨旭、施少培、凌敬昆等：《文件鉴定标准体系的研究》，载《中国司法鉴定》2006 年第 6 期。

定人员对可疑、不清晰的印文以及印章进行检验，分析其形成方式，明确印文真伪、多份文件上的同名印文是否为同一印章盖印、印章印文的伪造方法、朱墨时序鉴定、印章印文形成时间、印文材料等，并在此基础上了解伪造手段，观察印文是否在同一印章下产生，[①] 进而为法庭诉讼提供证据，为证明案件事实提供依据。

我国现行印章印文鉴定技术规范主要有以下国家标准：《文件鉴定通用规范》（GB/T 37234—2018）和《印章印文鉴定技术规范》（GB/T 37231—2018）；公共安全行业标准：《法庭科学印章印文检验技术规程》（GA/T 1449—2017）和《法庭科学印章印文鉴定意见规范》（GA/T 1311—2016）。

4. 印刷文件鉴定技术规范

根据《印刷文件鉴定技术规范》3.8 的规定，印刷文件鉴定（forensic examination of printed document）是指具有专门知识的鉴定人，根据检材或检材与样本承印物上反映出的印刷特征，对检材的印刷工具、印刷方法的种类和印刷机具、印版的同一性等进行检验和鉴别的专门技术。印刷文件鉴定是文件鉴定领域一个重要分支，印刷文件形式几乎涵盖了人们工作和生活中接触的各类文件，如合同、公文、证件、纸币、图片等。鉴定人通过对印刷工艺、印刷设备、印刷材料在文件载体上的具体反映，进行分析、比较和鉴别，从而确定文件的印刷方法、印刷

① 参见李林燔、巢开、陈登科：《从印章印文阶段性特征谈印文鉴定分析》，载《法制与社会》2018 年第 31 期。

工具、印刷过程及文件的真伪、来源等。[1] 除直接的印刷文件鉴定项目外，其他鉴定项目，如笔迹鉴定、印文鉴定等，其文件内容也多涉及印刷这一要素，是系统鉴定中不可或缺的一环。

我国现行印刷文件鉴定技术规范主要有以下国家标准：《文件鉴定通用规范》（GB/T 37234—2018）和《印刷文件鉴定技术规范》（GB/T 37232—2018）。

5. 篡改（污损）文件鉴定技术规范

根据《篡改（污损）文件鉴定技术规范》3.11 的规定，篡改（污损）文件鉴定（forensic examination of altered and damaged document）是指具有专门知识的鉴定人，对检材是否存在变造事实及变造内容进行检验和鉴别，或对受污损的检材进行清洁整理、恢复固定、显示和辨认模糊或不可见内容的专门技术。篡改文件的方式主要是在原真实文件的基础上，采用添加、涂改、擦刮、消退、掩盖、粘贴、拼接、挖补、换页、拆封等各种作假的手段对原真实文件的局部内容加以改变。[2] 在实践中，对篡改（污损）文件鉴定通常采用宏观检验法、显微检验法、压痕记载法和理化检验检测法进行检验检测。通过对篡改（污损）文件鉴定，可以确定检材是否存在剪裁、刮擦、拼凑掩盖、换页、伪老化等变造现象，以及对破损、烧毁、净损等污损文件进行整理、整复、固定、显现和辨识原始内容等。

---

① 参见施少培：《论印刷文件鉴定标准》，载《中国司法鉴定》2009 年第 3 期。

② 参见左小雄：《常见篡改文件及其检验方法》，载《法制博览》2019 年第 10 期。

我国现行篡改（污损）文件鉴定技术规范主要有以下国家标准：《文件鉴定通用规范》（GB/T 37234—2018）和《篡改（污损）文件鉴定技术规范》（GB/T 37238—2018）。

6. 手写电子签名笔迹鉴定技术规范

根据《手写电子签名笔迹鉴定技术规范》3.8 的规定，电子数据真实性检验（forensic authentication of electronic date）是指对与手写电子签名相关的电子数据进行检验分析，判断其是否经过事后修改及修改情况的专门技术。根据电子签名法，电子签名是指数据电文中以电子形式所含、所附用于识别签名人身份并表明签名人认可其中内容的数据。自电子签名的效力获得法律确认，电子签名就以其方便、高效、节约成本等优点在金融、保险、政务、医疗等各个领域得到迅速推广。根据《手写电子签名笔迹鉴定技术规范》4 的规定，手写电子签名笔迹由电子书写系统书写生成，通过笔迹进行身份识别，签署行为表明签名人认可该电子文件，属于电子签名的范畴。在司法鉴定领域，鉴定人通过对手写电子签名的书写压力、书写速度、签名时长、执笔角度等特征进行分析鉴别，从而确定检材的签名字迹是或不是同一人的笔迹。通过笔迹特征鉴别手写电子签名笔迹的签名人，则属于笔迹鉴定的范畴。

我国现行手写电子签名笔迹鉴定技术规范主要有以下国家标准：《文件鉴定通用规范》（GB/T 37234—2018）、《笔迹鉴定技术规范》（GB/T 37239—2018）；司法行政行业标准：《手写电子签名笔迹鉴定技术规范》（SF/T 0138—2023）。

7. 文件相似性鉴定技术规范

根据《文件相似性鉴定技术规范》（SF/T 0103—2021）3.1 规定，文件相似性鉴定（document similarity examination）是指通过比较和分析，对检材文件与样本文件之间的相似程度所进行的专业判断。文件要素一般包括纸张载体、打印体文字、手写体文字、印章印文及插入的图表等。鉴定人通过对比检材文件和样本文件的结构特征、格式特征、文字内容特征、图标特征、专有符号特征、防伪特征、印刷特征、文件材料特征和其他特征等内容，结合与鉴定相关的案件情况，通过特定的鉴定方法，对检材文件和样本文件的要素特征的符合点和差异点进行综合分析评判，并形成鉴定意见。通过文件相似性鉴定，可以确定检材文件与样本文件是否出自同一母本、整体或部分是否具有相似性。

《文件相似性鉴定技术规范》是由司法部发布的司法行政行业标准，属于司法行政行业标准，其制定应依据相关的国家标准和行业标准，如《印章印文鉴定技术规范》（GB/T 37231—2018）、《文件鉴定通用规范》（GB/T 37234—2018）、《笔迹鉴定技术规范》（GB/T 37239—2018）等。同时，《文件相似性鉴定技术规范》的实施还应当遵守司法鉴定和法庭科学的相关规定。

8. 检察相关技术规范

检察机关结合自身工作特点制定了相关技术规范，例如最高人民检察院《人民检察院鉴定规则（试行）》《人民检察院文件检验工作细则》《人民检察院技术性证据专门审查工作规定》等。各省检察机关大多也有自行制定的相关文件，例如《山东省人民检察院检察技术工作规范》《山东省人民检察院鉴定人工作责任制》等。

最高人民检察院制定的相关文件，全国检察机关都应当遵照适用；各省检察机关制定的相关文件效力及于本省，但是对其他省份和其他系统鉴定工作也有很好的借鉴意义，可以相互参考。

第三章　书法及其传统鉴定模式概述

一、书法概述

（一）书法概念

关于书法概念的界定，尚无定论。有人认为书法是“塑造汉字造型形象与展现书家审美意识的一种社会意识形态”[①]，书法界通说认为书法是线条的艺术，而《辞源》对书法的解释则简练到只有7个字：“汉字的书写艺术”[②]。

如果从广义角度考察，则书法的范围很广。以书写工具为依据，大致可以把书法分为软笔书法和硬笔书法。之所以称为软笔书法而不是毛笔书法，是因为软笔既包括毛笔，也包括其他类型的软笔，例如秀丽笔、地书笔等，笔头较软，写出的字类似毛笔。

硬笔书法也包含较广的类型，如钢笔书法、中性笔书法、铅笔书法等。有人认为在毛笔为主要书写工具的历史时期，非毛笔书写工具所书写的艺术品可称为“中国古典硬笔书”[③]。在此时期之前契刻而成

---

① 毛万宝：《书法美学概论》，安徽人民出版社2011年版，第58页。

② 广东、广西、湖南、河南辞源修订组、商务印书馆编辑部：《辞源》（修订本纪念版），商务印书馆2009年版，第1597页。

③ 田浩、张勇：《硬笔书法教程》，辽宁美术出版社2017年版，第10页。

的甲骨文（如图 3–1）应该也可以列入硬笔书法范畴。

随着时代发展，书法概念有扩大化倾向。被视为书法界“奥林匹克”的全国书法篆刻展览征稿范围包括刻字作品，要求刻字作者须“附本人创作的书法作品一幅（四尺整纸以内，书体不限）作为终评参考”①。篆刻则无此要求。鉴于展览名称即为“书法篆刻”，主办方似是将刻字纳入书法范畴了。

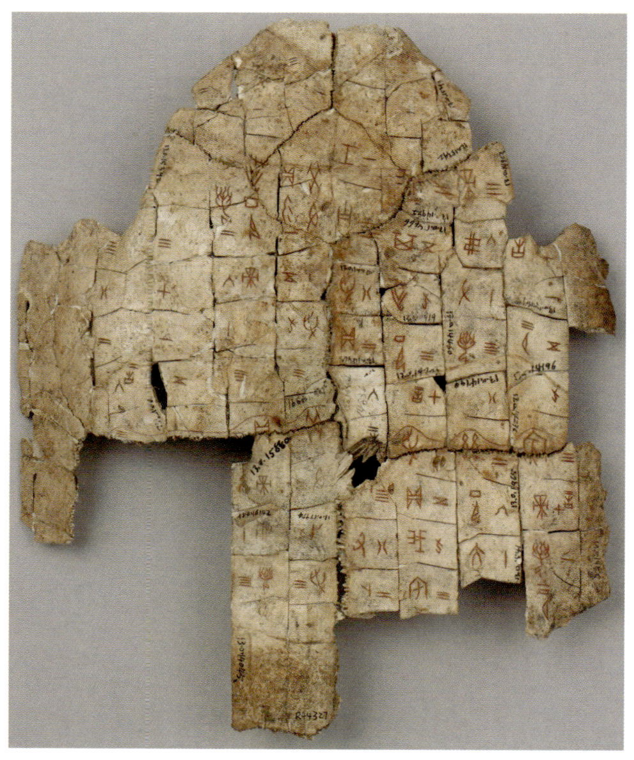

图 3–1：带卜辞龟腹甲，台湾地区研究院历史语言研究所藏

---

① 中国书法家协会《全国第十三届书法篆刻展览征稿启事》。

（二）本书研究对象

本书的研究对象，是以实体或者电子毛笔、水墨、纸张为书写工具和书写介质的书法。这主要是从研究必要性角度考虑的。硬笔书法笔迹鉴定可以纳入现有鉴定体系，相关研究较为成熟，实践中的笔迹鉴定绝大多数也是这一类型。近些年很多毛笔书法专业人士转入硬笔书法界，移植了毛笔书法技巧，创作了大量与毛笔书法极为类似的硬笔书法作品。对这类作品可以类比毛笔书法进行鉴定。其他软笔书法作品，往往保存不便，常规情形下不存在鉴定可能性，即使需要鉴定，也可以类比毛笔书法。

数字书法性质特殊一些，书写工具、书写介质、表现形式和保存方式都与传统书法不同，但其本质也是书法，属于笔迹的一种。实践中，尚未见到可以完全等同于实体笔墨的电子书写工具，然而电子书写技术的发展日新月异，在将来有可能达到乃至超过实体工具。

本书的研究对象，是以汉字为书写对象的书法。尽管也有其他文字的书写具备一定书法特征，但对我国来说，最具有实践意义的研究对象是汉字书法。徐超、秦永龙先生认为："书法属于中国……其中最重要的原因是因为汉字。"[①] 也是赞同书法必须以汉字为书写对象。

如无特别说明，本书所称书法均指毛笔书法。

（三）书法现状

书法在我国特定历史时期曾经极为兴盛，其原因大概有以下几点：

---

① 徐超、秦永龙：《书法》，山东文艺出版社 2004 年版，第 2 页。

一是毛笔在我国传统书写工具中占有绝对优势。在书刻并存的甲骨文时代，毛笔就已经属于书写工具的一部分，之后逐渐变成了最普遍的常规书写工具。虽然历朝历代偶尔也能见到其他书写工具，但毛笔始终是主流。

二是政府官方的提倡和重视。例如，《新唐书·选举志下》记载："凡择人之法有四：一曰身，体貌丰伟；二曰言，言辞辩正；三曰书，楷法遒美；四曰判，文理优长。"[①] 这是唐朝著名的"书言身判"（四才）铨选法。其中，"书"就是书法，要求必须"楷法遒美"。因为字写得不好在科举考试中惨遭淘汰、降等的不在少数，因为字写得很好而入选乃至被点为状元的，也时而有之。现今各类考试评分标准中的"卷面分"，应该属于对古人经验的继承。

三是统治阶级形成了整体研习书法的风气。即便是作为最高统治者的皇帝，书法也是其重要必修课。查看历代帝王书法，可圈可点的大有人在，众人熟知的乾隆就是其中一位。现在能见到的清宫旧藏书法精品，基本都有他的题跋，很多写得满满当当，再加上铺天盖地的用印，影响了艺术品自身的构图（如图 3-2），后人因此戏称乾隆为"题字皇帝"，但是也充分体现了乾隆对书法的喜爱。宋徽宗更是开宗立派，其瘦金体（如图 3-3）在中国书法史上牢牢占有一席之地，直至今日仍有很多人临摹，而且被制作成了电脑字体，广泛用于印刷等行业。

① 王关林、康华编：《二十四史（附清史稿）》（第六卷），中州古籍出版社 1998 年版，第 233 页。

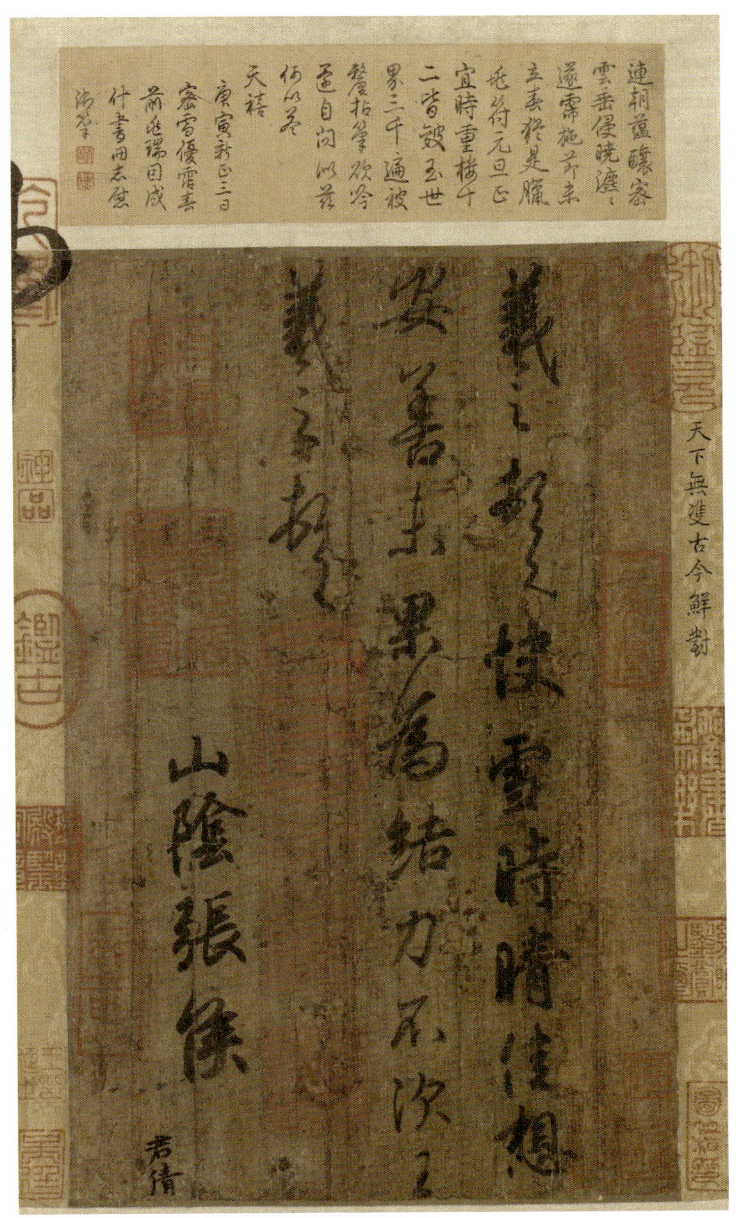

图 3-2：（晋）王羲之《快雪时晴帖》

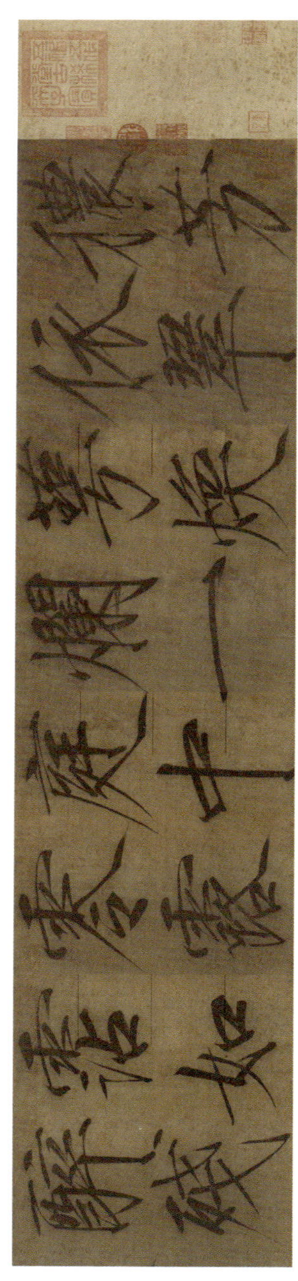

图 3-3：（宋）赵佶《秾芳诗帖》局部

随着时代发展，书法逐渐变成了小众化艺术，主要表现为两个方面：

一是书法欣赏的小众化。书法是极为抽象的艺术，“不要说再现客观事物形象，恐怕连‘似与不似之间’也很难做到”[①]。其创作和欣赏具有相当的门槛。对书法的审美感受主要是通过通感联觉机制起作用。钱钟书先生将西方“通感”的概念引入并用于我国传统文艺的分析，事实上，通感也同样适用于书法领域。例如，虞世南认为，书法“又同鼓瑟纶音，妙响随意而生”[②]，就是和书法通感有关的论述。

缺乏具象的审美模式，让书法和大众之间不可避免出现了隔阂。即便是专业人士，也普遍认为书法具有一种玄妙性。唐代张怀瓘在其所著《书议》中说：“玄妙之意，出于物类之表；幽深之理，伏于杳冥之间；岂常情之所能言，世智之所能测。”[③]相比而言，“这种玄妙性在绘画（传统型绘画）审美中是不存在的”[④]。俗语所说的“好字不如烂画”，就是这玄妙性带来距离感的后果。普通民众因为看不懂而不愿看，久而久之，书法欣赏小众化的状态也就形成了。

二是正确书写技巧的小众化。随着时代发展，毛笔在我国逐渐退出了日常书写工具范畴，书法也不再是必需品，义务教育阶段开设书法课更多的是一种文化继承的体现，绝大多数人练习书法仅限于曾经

① 陈育德：《灵心妙悟——艺术通感论》，安徽教育出版社2005年版，第169页。

② 黄简：《历代书法论文选》，上海书画出版社1979年版，第113页。

③ 黄简：《历代书法论文选》，上海书画出版社1979年版，第146页。

④ 毛万宝：《书法美学概论》，安徽人民出版社2011年版，第156页。

写过几笔，其学习强度和深度远远达不到入门标准，也谈不上正确与否。现在全国各地都有大量书法培训机构，尤以辅导在校学生的类型为主。这些机构的从业者水平良莠不齐，能称得上专业水准的不多，笔者不止一次见过个别机构招聘书法零基础人员，进行简单培训后就让登台讲课，说是误人子弟也不为过。

正确书写技巧获得途径极为有限，掌握技巧的人“设有所会，缄秘已深”，不舍得轻易透露给他人，“遂令学者茫然，莫知领要，徒见成功之美，不悟所致之由”①。高校书法专业是当今极少数专门化、系统化学习、研究书法的途径，但是其数量相较其他热门专业少得多，具备专业书写技巧的书法人士自然也少。

三是书法学习难度较大，“性价比”不高。书法是一门“慢热”的艺术，其他艺术种类，如舞蹈、声乐，可能学习时间不长就能登台演出，书法则需要更长时间才能写出像样的作品，显得“性价比”不高。书法理论和实践都有很复杂的体系，而且需要大量练习才能掌握书写技巧。书法对细节的讲究尤其多，极为考验学习者的细心和耐心。

如图 3-4，“且”字长横起笔过程可以分为四个步骤，“任”字长横的收笔是几种动作的结合，运笔全过程中都伴随着提笔、按笔、中锋、侧锋的细微调整，很是琐碎。这些细节是正确笔法的一部分，如果不了解，可能会变成错误的“描字”写法。

① 黄简：《历代书法论文选》，上海书画出版社 1979 年版，第 126 页。

图 3-4：笔画细节（笔者示例）

二、书法传统鉴定模式概述

（一）书法作伪常见方法

书法作品的作伪方法主要分为手写和印刷两大类。手写包括临、摹和凭空生造等；印刷包括木版水印、珂罗版、胶印等。也有结合上述手写和印刷的半印半写。

（二）书法传统鉴定模式

针对上述作伪方法，传统鉴定发展出了相应的鉴定模式，主要分为目鉴、文鉴两大类。目鉴就是看，鉴定专家把待检书法作品和其记忆中的标准件进行比对，或者查阅书法图谱资料进行比对。文鉴就是通过查阅文献资料，辅助判断。

书法传统鉴定模式和笔迹司法鉴定方法都是以比对为主、以文献资料等为辅助。但是传统鉴定中的目鉴还包括笔迹之外的所有可观察内容，如书法材料、装帧样式等，超出了笔迹司法鉴定的范围。

笔迹司法鉴定有严格的条件和程序，在不具备笔迹司法鉴定条件时，就只能依赖传统鉴定模式了，所以笔迹司法鉴定无法完全取代传统鉴定。关于传统鉴定的研究较为成熟，有大量论文和专著可以参考，在这里不再详细介绍。

三、传统鉴定模式的证据审查

在某些特殊情形下，可以向相关领域专家或其他有专门知识的人咨询，或者根据需要邀请相关领域有关专家或其他有专门知识的人协助开展工作，传统鉴定模式和司法鉴定模式相结合，形成司法鉴定文书。此时应当按照司法鉴定文书的审查要点进行审查。在其他情形下，传统鉴定模式可能形成几种不同的证据，常见类型包括证人证言、书面意见、书证、视听资料等，择要分述如下：

（一）证人证言

办案机关为查明书法作品真伪，选择证人证言是比较省时省力的做法。常见证人有四类：一是书法家本人，二是对书法家较为熟悉的人，三是具备鉴定能力的行业专家，四是其他人员。

如果能找到书法家本人作证，效果当然最好，但是在书法家不愿或者不能作证时，例如书法家已经去世、碍于人情不愿作证等，这个路径就无法实现，因此局限性较高。

对书法家较为熟悉的人属于备选方案之一，例如书法家的近亲属、门人弟子等，具有识别真伪的可能。需要注意的是，必须选择熟悉书法家创作活动的近亲属或者门人弟子，如果只是对书法家日常生活等非书法创作活动较为熟悉，则其证言效力较低。有的近亲属或者门人弟子并不具备足够的书法鉴赏能力，即使了解或者直接参与过书法家创作活动，在遇到较高水平的伪作时，也无法识别。

具备鉴定能力的行业专家，是较为重要的证人，难点在于外行人很难判断“专家”是否具有真实鉴别能力。所以在审查专家的证言时，要谨慎对待，避免被“专家”的头衔所迷惑。审查重点主要是其意见所依据的技术原理、技术规范和相关数据，分析其意见的得出是否符合逻辑、支撑要件是否充分，切忌毫无保留、不加区分地直接采纳。实践中，顶级专家之间也时常出现意见不一致的情形，专家意见被推翻或者被证实不当的不在少数。

其他人员是指除上述三类人员之外、了解书法作品真伪相关情况的人，例如见证书法作品创作过程的人。在采纳其他人员证言时，还必须证实涉案书法作品的同一性，即证实在案作品与其了解的作品是同一份，排除作品在事后被另外复制的可能性。

证人自行出具的书面意见，实质上属于证言，可以比照证人证言的常见要点进行审查。

（二）书证

包括能证实书法作品情况的文字记录、鉴定证书、照片等书面材料。

书证应该具有足够的细节，才能证实书法作品的真伪，例如某人在其日记中粗略记载，某时某地某人创作某内容的书法作品一幅，则其证明力较低；如果能详细记载作品的具体尺寸、纸张质地、细节瑕疵等内容，则其证明力更高。

权威机构出具的鉴定证书效力较高，证书中可能会有作品的简要特征描述或者照片，也需要具有足够细节才能起到较高证明效力。

现在流行的方式是让书法家和书法作品合影，以照片的形式证明作品真实性。除了审查是否具有足够细节外，还需要注意照片是否系软件编辑合成，笔者见过大量此类照片，都是同一书法家同一场景，只是作品不同，明显是用 Adobe Photoshop 等软件编辑假冒。

（三）视听资料

最常见的是书法家创作过程的录音录像。审查要点同上，即是否具有足够细节、是否系未经编辑的原文件，不再详述。

第四章 书法简史

书法线条的具体表现形式千变万化，形成了多种多样的风格，乍一看很难全部记住。如何在看似不同的书法风格中提取共性，以便于分析研究？书法专业人士的做法是临摹并亲手书写不同风格的作品，这个方法最深入、最有效，但是效率较低。对笔迹鉴定人员来说，学习书法史以系统研究各种书法风格更具有可行性。

书法史研究专著有很多种，可以分为通史类、断代史类、专门史类等。刘恒、丛文俊等编著的《中国书法史（七卷本）》属于通史，内容丰富，可以当作工具书使用；王镛著《中国书法简史》，内容较为完整，可以当作入门书籍通读。断代史适合深入研究时阅读，对笔迹鉴定来说，明清之后的断代史更有实践价值。专门史是针对某领域的书法问题进行研究，例如书法美学史、书法风格史、书法理论史等。

并不是所有书法研究专著都对书法笔迹鉴定有作用。我们阅读书法研究专著的目的，一方面是从时代背景的角度，宏观了解书法风格的特点，加深对书法笔迹的理解；另一方面是了解书法技术层面的内容，例如书写工具、书写姿势的改变等。

书法风格看似多种多样，但是其共同渊源并不多。我们首先要找出各种风格的源头，弄明白其书写特点，才能提纲挈领地形成笔迹特征知识体系，并在后续学习和实践中不断充实体系的具体部分。

本章将按照时间顺序，对各个历史阶段的书法风格进行介绍。在举例时，挑选对后世有实际影响的书法家或者书法作品进行重点介绍，影响越大越深远，学习的人越多，则笔迹鉴定中遇到同种风格的概率就越高。历史上有些书法家名气很大，但是没有传世作品，自然也就没有学习其风格的继承者，例如，唐代的张怀瓘是著名书法家、书学理论家，却没有可靠的手迹存世。对于这类书法家，笔迹鉴定意义上的研究价值较小，在此均不作介绍。

对于跨朝代的书法家，根据其书法活动主要时期或者书法成就最高时期来标注朝代。

一、先秦书法

（一）从文字起源到甲骨文

关于我国文字的起源，古籍多有记载，认为是仓颉创造了文字，但是并没有充分的考古证据证实。

在原始文化时期，出现了象形符号，例如东夷文化遗址出土的陶器等文物上刻有“日鸟山”符号，对于该符号有多种解释，比较流行的一个解释是，该符号表示“旦”字，即日初升于山间。这一时期的符号象形意味浓，数量少，还不足以形成文字系统，对笔迹鉴定来说研究意义不大。

商周时代的甲骨文是具有较为完整系统的早期文字，因为是刻在龟甲或者牛骨（如图 4–1）等材料上，所以称为甲骨文。从出土实物来看，应该是先在甲骨上书写文字，然后再用刀刻出来，但是也不排除有直接刻制的。这一点可以参考印章的刻制，常规情况是先设计印稿，翻印或者直接书写到印面上，然后再刻制，但是有些写意风格的刻印高手，往往直接刻制，也能成印。

图 4–1：牛肩骨及铭文

受工具和时代的限制，甲骨文笔画单一，结构不统一，但是已经有章法布局意识，形成了一定排列规律。甲骨文既有单刀刻制的，其笔画起收处较为尖利；也有双刀刻制的，笔画起收处较为圆润（如图 4–2）。

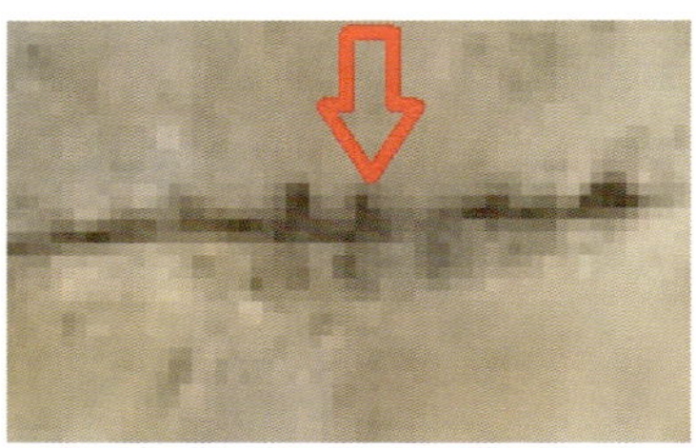

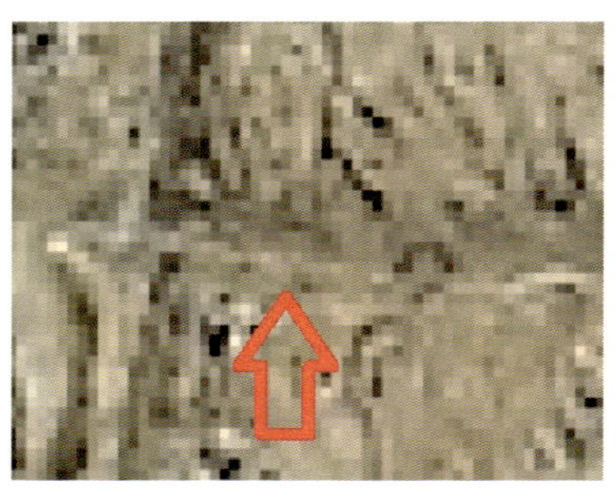

图 4–2：牛肩骨铭文局部

甲骨文在相当长的历史时期内未能得到有效研究，直到清朝后期著名学者王懿荣才开始真正认识到甲骨文的意义，开启了系统性考释的时代。在此之后，一些文人学者开始使用甲骨文进行书法创作；在此之前，未见到可靠的甲骨文书法作品流传。

已经考释出来的甲骨文，单字数量有限，不能完全满足书法创作需求，所以甲骨文书法作品一般字数较少，以格言警句或者对联较为常见，罕有长篇大作。

（二）金文和石鼓文

商周时期逐渐出现了金文，所谓金文，是指铸造在金属（主要是指青铜器）上的文字。金文较甲骨文更为成熟，规范性更高，其中，出土于清代道光二十三年（1843 年）的毛公鼎（如图 4–3、4–4）铭文达四百九十七个字，在目前出土的商周青铜器中铭文字数最多，是学习金文绕不开的重器。该鼎现藏于台北故宫博物院，是其三大镇馆之宝之一。

当代专业书法人创作大篆作品时，大多只是模仿字形，对文字的源流和含义缺少深入研究，常有文字性书写错误；古文字学者往往没有较高的书法水平，虽然能写出正确的文字，但是艺术性稍逊。所以，相比其他书体，大篆书法具有较高门槛，能正确且熟练创作的大多是专家学者型书法家。如晚清民国时期的吴昌硕（如图 4–5）、当代蒋维崧、徐超等，既是著名文人学者，又精通书法技巧，所以才能创作出高水平的大篆作品。

图 4-3：（西周）毛公鼎

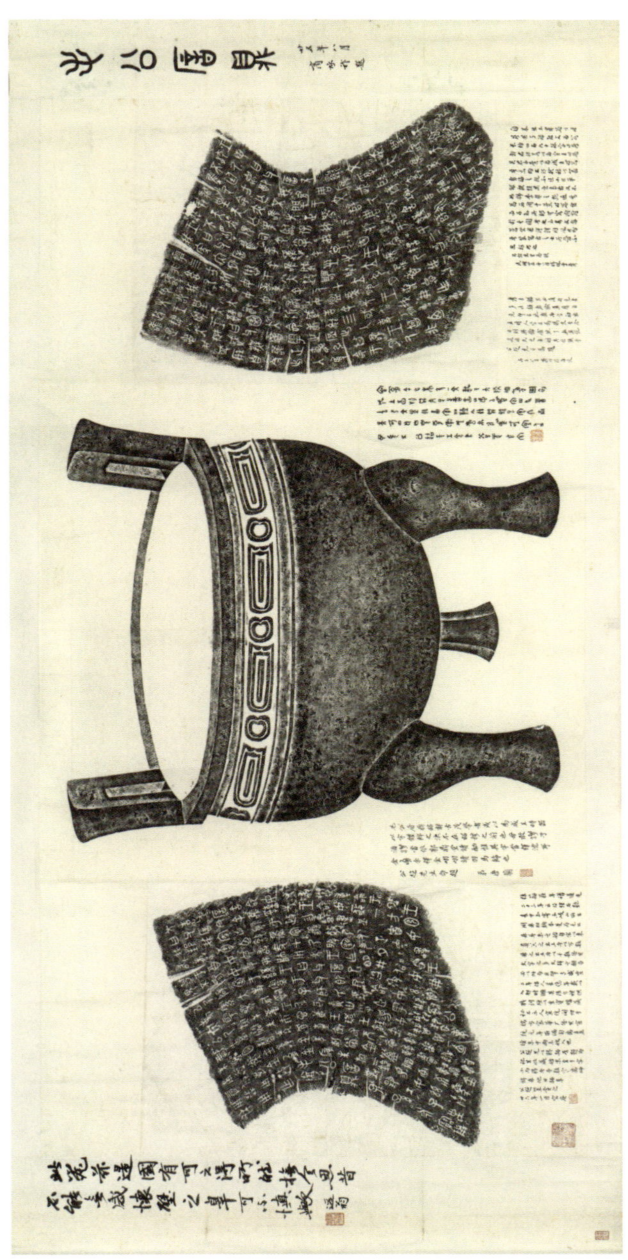

图 4-4:（西周）毛公鼎全形拓

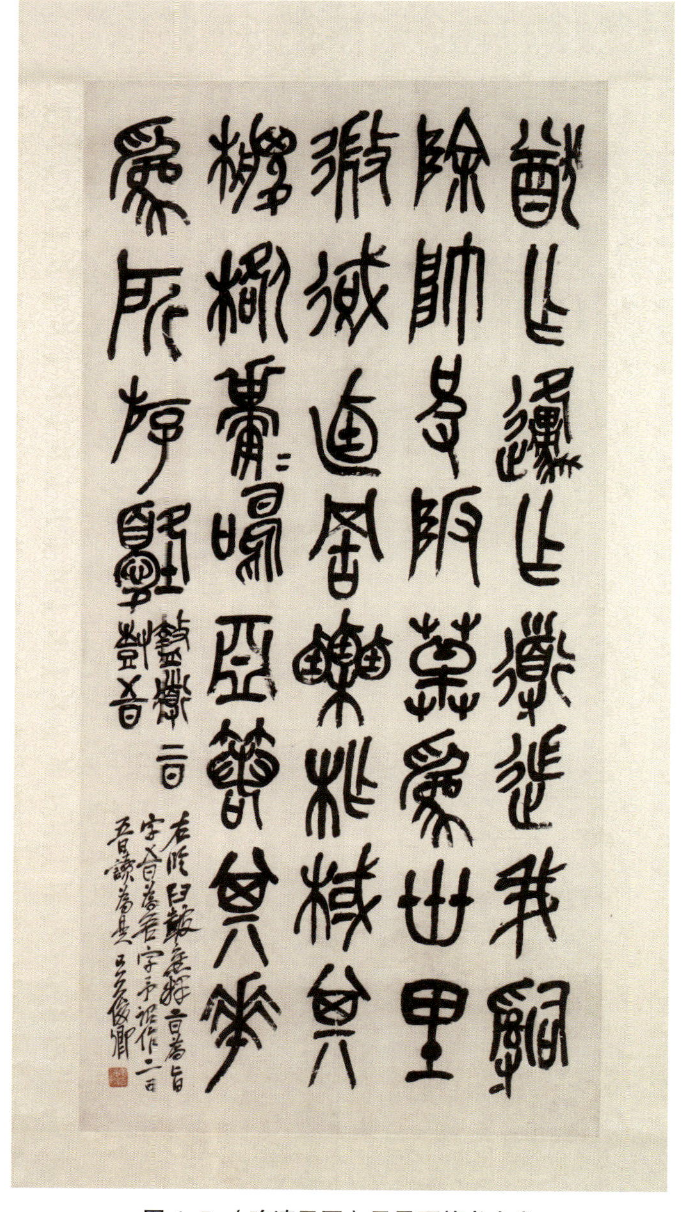

图 4-5:（晚清民国）吴昌硕篆书中堂

二、秦汉书法

（一）小篆

秦代的一大贡献是统一文字。在秦代之前，各诸侯国的文字有差异，同一个字的写法有很多种，不利于文化传承与交流。鉴于此，秦始皇发布诏令，“一法度衡石丈尺，车同轨，书同文字”①。这里的“文字”应该就是指小篆。

关于小篆的始创者，学术界认识并不一致，史料记载也各有观点，其中一种流传较广的说法是东汉经学家、文字学家许慎提出来的，他认为：“秦始皇帝初兼天下，丞相李斯乃奏同之，罢其不与秦文合者。斯作《仓颉篇》，中车府令赵高作《爰历篇》，太史令胡毋敬作《博学篇》。皆取《史籀》大篆，或颇省改，所谓小篆者也。”② 小篆也称秦篆，单字笔画规整，形体纵向取势，大体可以看作长方形。

小篆书法的代表作品首推秦朝刻石。据说秦始皇在出巡的时候，大多会命人书写有关内容并刻在石头上，根据《史记》记载，其刻石有以下几种（见表 4–1）③：

---

① 王关林、康华编：《二十四史（附清史稿）》（第一卷），中州古籍出版社 1998 年版，第 17 页。

② （清）曾国藩：《经史百家杂钞》，岳麓书社 2009 年版，第 320 页。

③ 王关林、康华编：《二十四史（附清史稿）》（第一卷），中州古籍出版社 1998 年版，第 17—20 页。

表 4–1：秦刻石简表

公元前 219 年	峄山刻石	泰山刻石	琅邪刻石
公元前 218 年	之罘刻石	东观刻石	
公元前 215 年	碣石刻石		
公元前 210 年	会稽刻石		

上述部分刻石有拓本流传，但是大多属于后人临摹或者翻刻，公认属于秦刻的只有琅琊刻石。秦始皇于公元前 219 年到了琅琊（今山东省青岛市黄岛区琅琊镇），很是高兴，在这个地方停留了三个月，“作琅邪台，立石刻，颂秦德，明得意”。公元前 209 年，秦二世“尽刻始皇所立刻石，石旁着大臣从者名，以章先帝成功盛德焉”[①]。因此，琅琊刻石分为前后两部分。现藏于中国国家博物馆。

大篆和小篆的用笔最初都相对简单，其中，大篆有肥笔等特殊变化，小篆则笔画粗细一致，多使用圆转，书写节奏较为单一，世人称之为“玉箸篆”（如图 4–6），用玉质的筷子来形容其笔画，很是贴切。更细一些的称为“铁线篆”。有人为了写出匀称光洁的篆书笔画，会把毛笔修剪齐平，或者干脆用小刷子。笔者也见过用记号笔、马克笔等新式工具的，写起来更省事。

有些书法家并不满足于传统篆书的简单笔画，而是尝试变化。元代赵孟頫、俞和及明代文征明（如图 4–7）等人多加入楷书笔法，晚清民国时期吴昌硕加入行草笔法，等等，都丰富了篆书的表现力。

---

① 王关林、康华编：《二十四史（附清史稿）》（第一卷），中州古籍出版社 1998 年版，第 17 页。

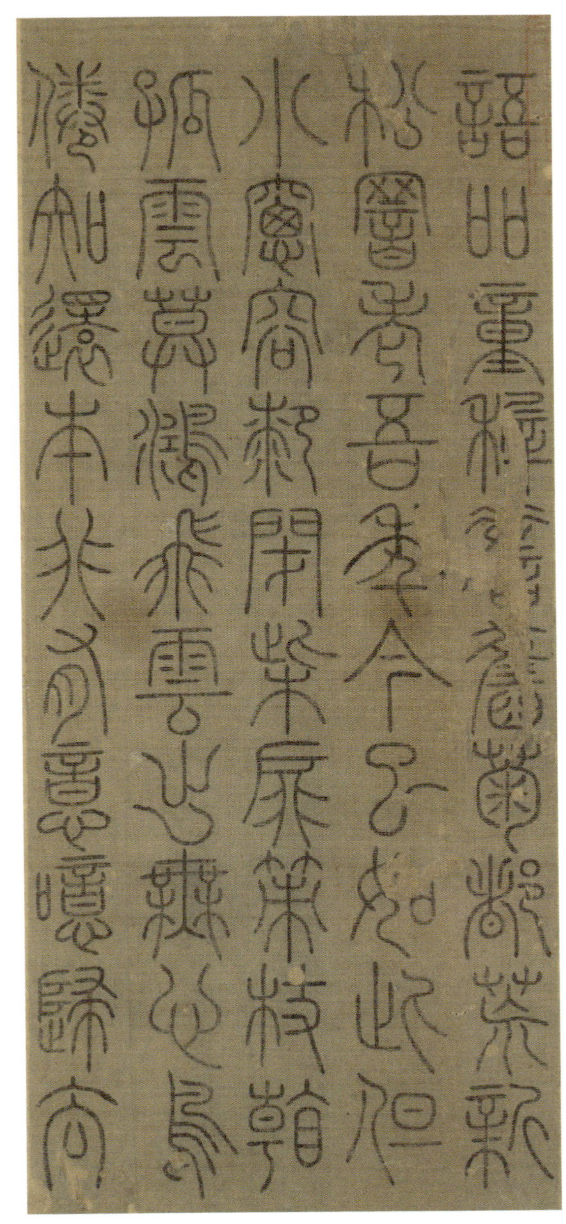

图 4–6：（宋）常杓《宋人词》局部

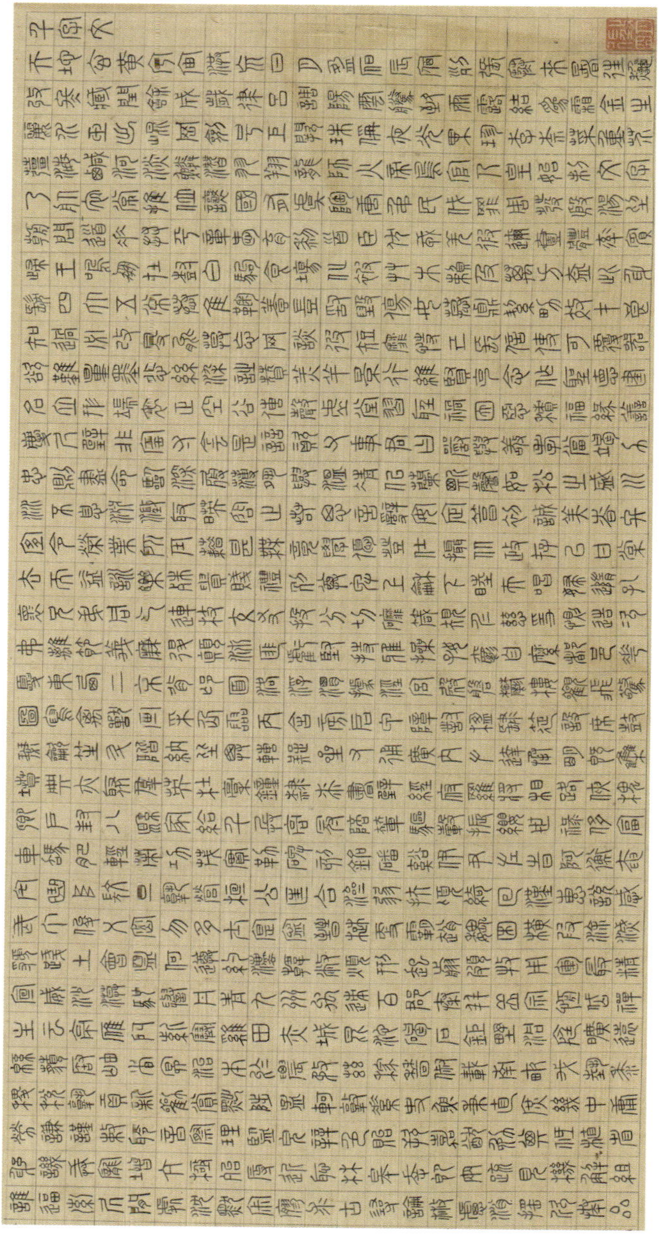

图 4-7:（明）文征明《四体千字文》局部

（二）隶书

琅琊刻石之类的小篆书写速度较慢，实用性稍显不足。民间书写者也不可能时时刻刻严守规范，把每个笔画都写得一丝不苟，为了加快书写速度，自然而然出现了结构的省简和笔画书写方式的改变，逐渐形成了隶书。从史料来看，早期隶书保留了大量篆书的结字，到东汉时，隶书高度成熟，其结字已经和楷书很相似。

隶书大体可以分为两大类，一是以简牍帛书为代表的简便类，二是以碑刻为代表的严整类。

1. 简牍帛书

简是指竹简，牍是指木牍，竹木取材较易，成本较低，而且加工也很方便，所以在特定时期成为主流书写载体。从银雀山汉墓、马王堆一号汉墓、凤凰山十号汉墓等出土的实物来看，简牍书法字径大多是 1 厘米左右，这个尺寸可以很方便地写出夸张的笔画，有的竖画一笔就能占三到四个字的空间，很是夺目。简牍书法多是日常书写，虽然也有或严谨、或率意的不同，整体都显示出了良好的书写性，笔画流畅自然，波磔等标志性隶书形态强化了隶书的结构平衡，也增加了形式上的美感，书写节奏有了更多变化，因而更符合书写规律。

帛是指绢帛等织物，帛书的风格与简牍书类似，都偏向于强调书写性。帛要比简牍轻便得多，但是成本很高，保存也更困难，所以传留到今天的很少见。笔者见过一幅清代中期的绢本花鸟画，距今仅两百余年，因为保存不当，氧化严重，绢丝变得非常脆弱，拍卖行工作人员未经技术处理，展开卷起时简单粗暴，造成整幅画多处碎裂。可见织物类书写载体保存不易。

2. 碑刻

汉代隶书碑刻有端庄方正者，以《礼器碑》为代表；有飘逸秀美者，以《曹全碑》为代表；有古拙大气者，以《张迁碑》为代表。

《礼器碑》（如图 4–8）全称《汉鲁相韩敕造孔庙礼器碑》，原碑现存于山东省曲阜市孔庙汉魏碑刻陈列馆，刻工精细。笔画较细，较为方正，法度完备，对后世隶书影响很大。明代郭宗昌评价此碑称："余生平所见汉隶，当以《孔庙礼器碑》为第一，神奇浑璞，譬之诗，则西京。"认为是汉代隶书碑刻中的《季直表》[①]，"其字画之妙，非笔非手，古雅无前，若得之神功，非由人造。所谓'星流电转，纤逾植发'尚未足形容也"[②]。

《曹全碑》（如图 4–9）全称《汉郃阳令曹全碑》，根据明代郭宗昌的记载，《曹全碑》在万历年间才出土，虽然后来断裂，但是绝大部分字迹完好，写得很精致，笔画较为圆润，结字较扁，常作为学习隶书的入门范本之一，喜爱者众多。郭宗昌认为此碑"风赡高华，建安诸子"，是汉代隶书碑刻中的"兰亭叙"，并认为碑阴"书法简质草草不经意，又别为一体。益知汉人结体命意，错综变化，不衫不履，非后人可及"[③]。评价不可谓不高。

---

① （明）郭宗昌：《金石史》卷上，载（清）鲍廷博编：《知不足斋丛书（第四集）》，第 12 页。

② （明）郭宗昌：《金石史》卷上，载（清）鲍廷博编：《知不足斋丛书（第四集）》，第 5 页。

③ 黄简：《历代书法论文选》，上海书画出版社 1979 年版，第 113 页。

图 4-8：（东汉）礼器碑拓片

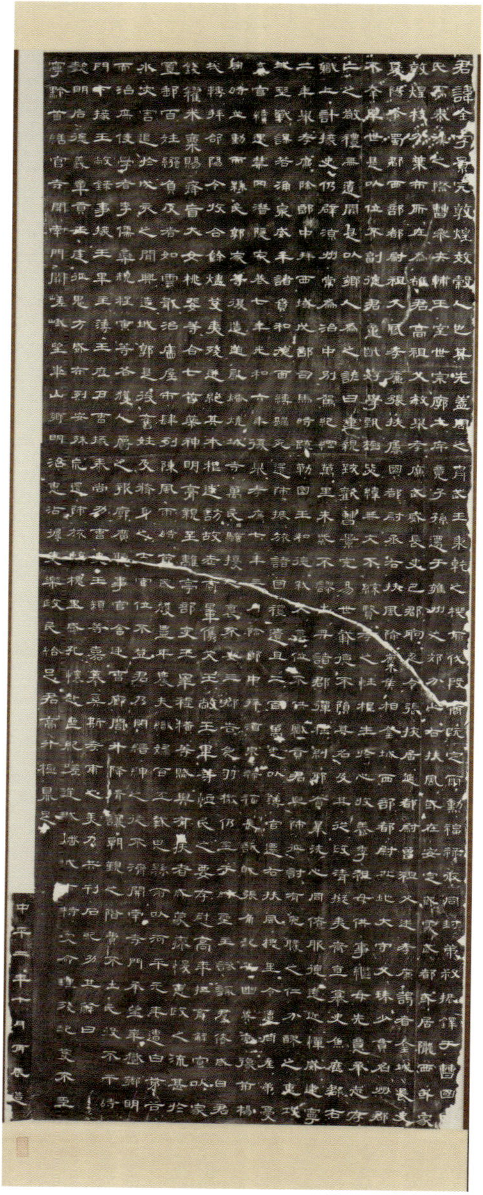

图 4–9:（东汉）曹全碑拓片

《张迁碑》全称《汉故谷城长荡阴令张君表颂》，原碑现存于山东省泰安市岱庙。在清代之前，书法家多取法规整秀美的汉隶，清代之后，碑学兴起，而且写隶书大字的书法家增多，规整秀美类型的隶书放大来写，往往显得纤弱，反倒是《张迁碑》一类的风格更显气势。所以，清代之后《张迁碑》影响力更为突出，直到今天仍有很多人学习《张迁碑》的风格。

（三）章草

章草是由隶书转化而来。隶书写得潦草一些，简化后形成固定的草书符号，就形成了章草。章草特点有二：一是字字独立，字与字之间基本没有连笔；二是保留了大量隶书用笔，波磔等形态随处可见。

章草在魏晋之后逐渐被今草取代，并在相当长的历史时期内处于沉寂状态，偶尔有书法家稍作尝试，影响力也极为有限。元代赵孟頫高举复古大旗，进行了少量章草创作，同时代的俞和等人附随。从传世作品来看，元代章草是以皇象《急就章》、索靖《月仪帖》（如图4–10）等刻本为学习对象。明代的宋克在章草方面用工较多，水平很高，既有纯粹的章草作品，也有章草、今草结合的作品，甚至还有楷书、章草、今草混在一起的作品，对章草的运用很是灵活。此后直到民国时期，出现了结合时代特色进行创作的章草名家，其影响直到今天仍然存在。

总体来说，章草在当代书法创作中所占比重较小，但是并不罕见。

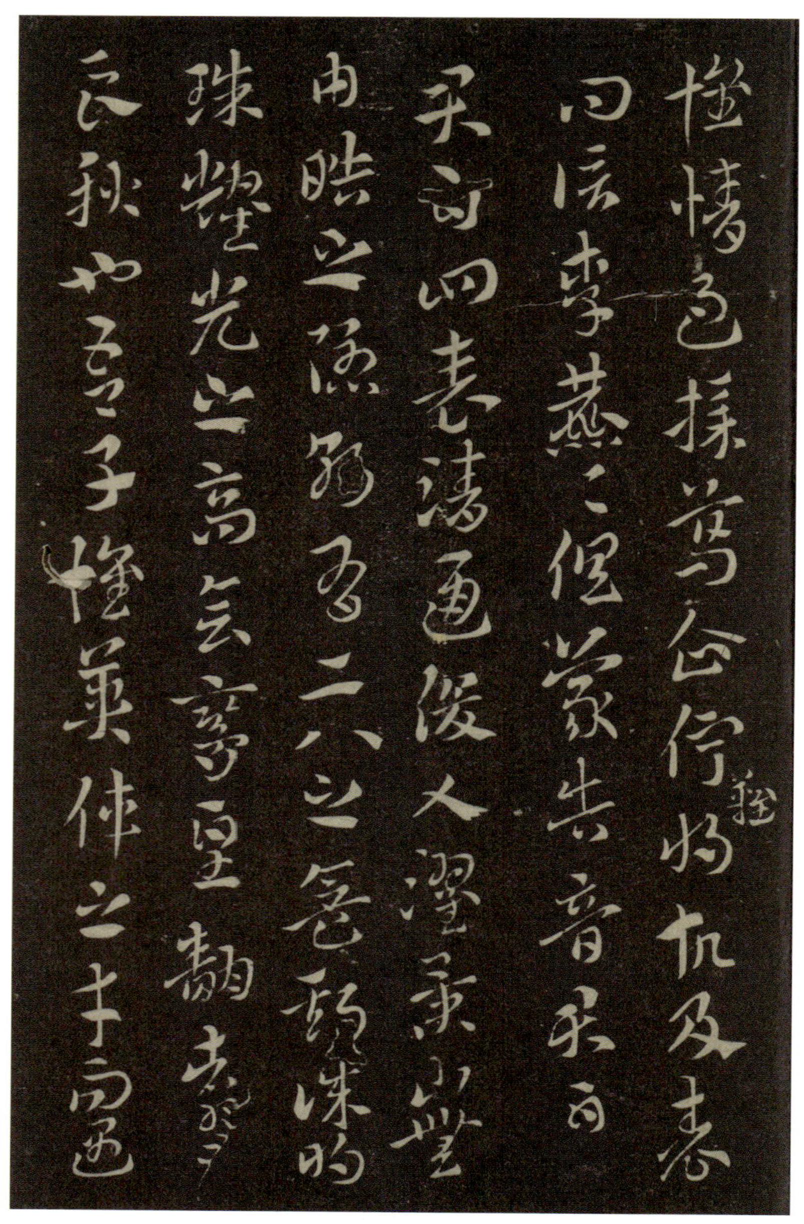

图 4-10：（西晋）索靖《月仪帖》拓片局部

（四）其他

秦汉时期，除了简牍帛书、碑刻之外，还有一些特殊的书写载体类型，例如砖刻文字、铜镜铭文、瓦当吉语（如图 4-11）等，也具有一定书法水平，书法人士偶有借用其形式进行创作者，在印章创作中更为常见。

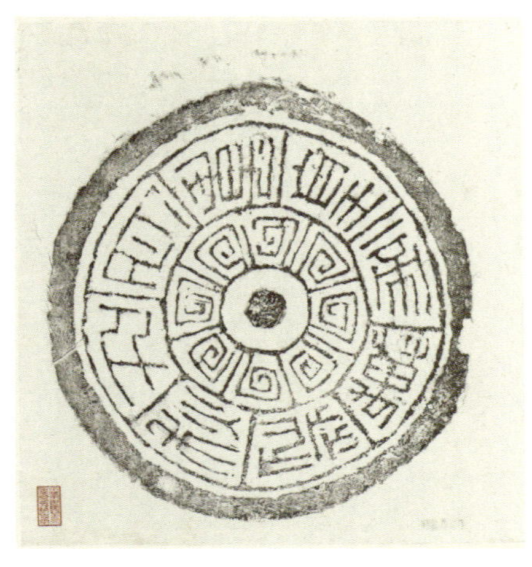

图 4-11：（汉）铜镜、瓦当（拓片）

三、魏晋南北朝书法

楷书、行书、草书（今草）都在这一时期形成，对后世的影响全面而深远。

（一）钟王书法体系

1. 钟繇

钟繇是三国时期曹魏重臣，其书法在当时就很有名气。南朝的羊欣记载了其书法特点："颍州钟繇，魏太尉；同郡胡昭，公车征。二子俱学于德升，而胡书肥，钟书瘦。钟有三体：一曰铭石之书，最妙者也；二曰章程书，传秘书、教小学者也；三曰行狎书，相传闻也。三法皆世人所善。"①

根据该记载，钟繇的书法特点是"瘦"，这大概是相比胡昭的书法来说的；"钟书三体"分别是铭石书、章程书、行狎书，虽然羊欣认为钟繇的铭石（碑刻）书法"最妙"，但是对后世影响最大的是其章程（楷书）书法。

钟繇是由隶书转型到楷书的积极推动者，在楷书规范的形成过程中起到了较大作用。其楷书传世作品都是小楷，常见的有《荐季直表》（如图4–12）、《宣示表》、《贺捷表》、《力命表》、《墓田丙舍帖》等，大多保留了隶书的特点，结字横向取势为主，形态灵动，天真烂漫。后人对其评价极高，称之为"正书之祖"②。

魏晋之后，历代都有取法钟繇的。当代书法重视趣味性，所以很多人学习钟繇的风格。

---

① 黄简：《历代书法论文选》，上海书画出版社1979年版，第46页。

② 黄简：《历代书法论文选》，上海书画出版社1979年版，第872页。

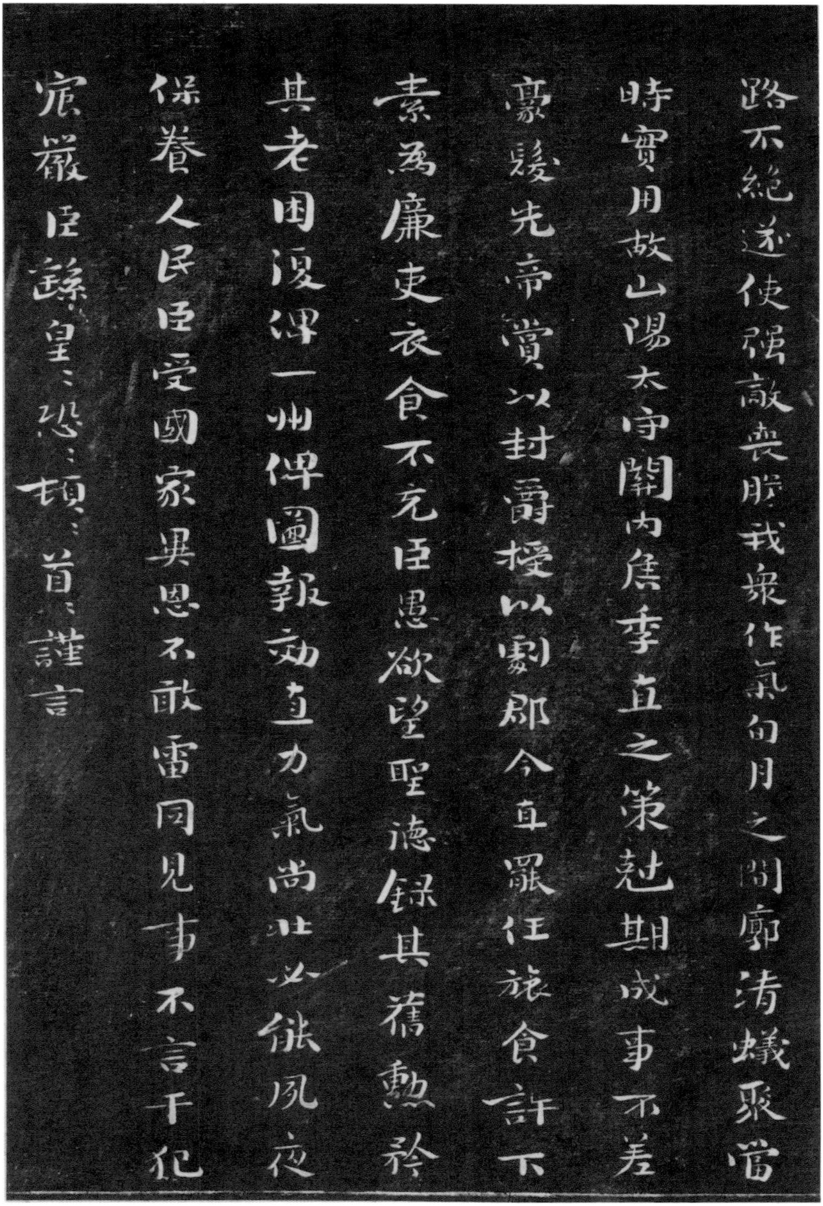

图 4–12：（汉末三国）钟繇：《荐季直表》拓本局部

2. 王羲之

王羲之是家喻户晓的“书圣”，其书法整体秀美典雅，属于“漂亮型”风格，对后世影响力极大。唐太宗把王羲之的书法特征概括为：“观其点曳之工，裁成之妙，烟霏露结，状若断而还连；凤翥龙蟠，势如斜而反直。”认为王羲之书法“尽善尽美”，“玩之不觉为倦，览之莫识其端。心摹手追，此人而已；其余区区之类，何足论哉”[①]！

王羲之对书法最大的贡献，应该是极大促进了楷书、行书和草书向今体的转变，其作品点画灵动、神采飞扬，让无数后人赞叹不已。某年笔者陪同外地书法友人到王羲之故居参观，在兰亭石壁前，友人赞叹不已，情不自禁热泪盈眶，崇拜之情溢于言表。王羲之的书法影响由此可见一斑。

王羲之的楷书承接钟繇，进一步剔除了隶书特点，法度更严谨，但是又相对灵活。王羲之的传世楷书作品都是小楷，其中，《黄庭经》字数较多，笔画委婉含蓄，结构富有变化，是临习的最佳范本之一（如图 4–13）。

王羲之的行书代表作《兰亭序》被称为天下第一行书，名气登峰造极。但是后世采用《兰亭序》风格进行创作的并不多见，唐代陆柬之、宋高宗赵构算是比较突出的两位，其他创作者更偏向于以唐代怀仁《集王羲之圣教序》（如图 4–14）为学习范本。当代尚未见到专写《兰亭序》风格的高水平书法家。

---

① 黄简：《历代书法论文选》，上海书画出版社 1979 年版，第 122 页。

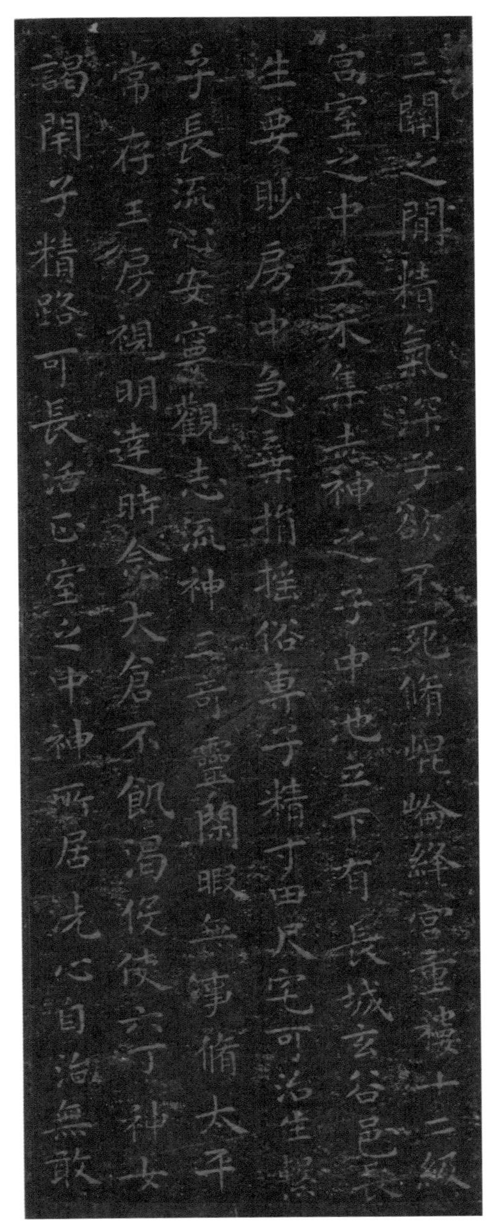

图 4-13:（晋）王羲之《黄庭经》拓本局部

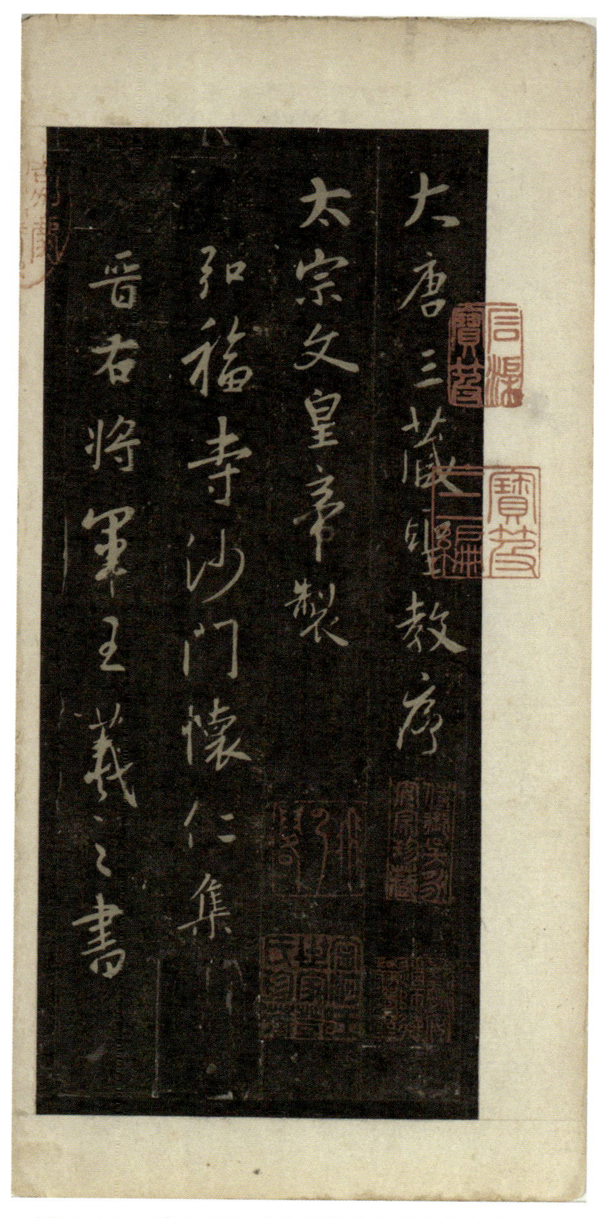

图 4–14：（唐）怀仁《集王羲之圣教序》拓本局部

王羲之的草书基本脱离了章草的影响，虽然他也能熟练地书写章草书法，例如《豹奴帖》，但是从传世作品来看，他显然更喜欢今草，《十七帖》是其代表作（如图 4–15），全帖字与字之间偶尔有连带，用笔精致，干净利索，后人称之为小草。学习王羲之的草书，一般从此入手。帖中偶尔加入章草笔法，大概是为了增加趣味性。

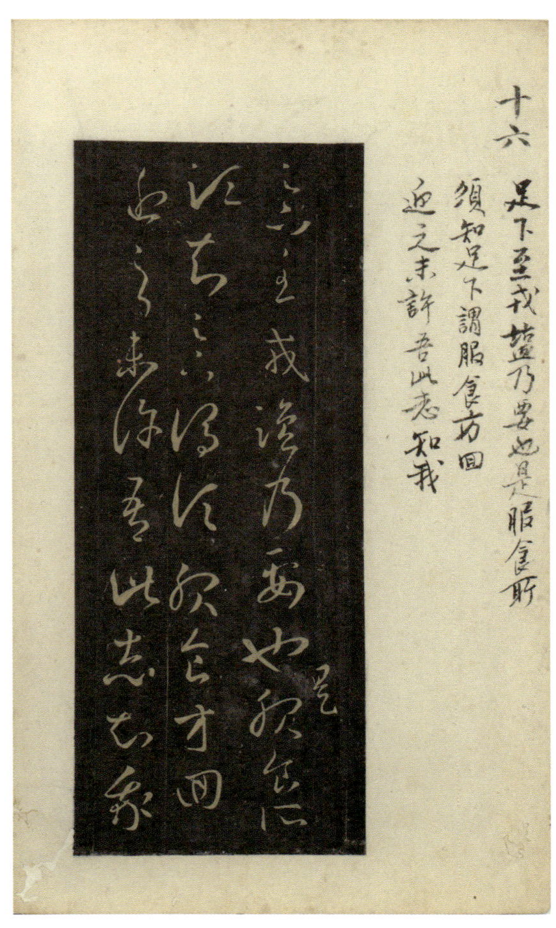

图 4–15：（晋）王羲之《十七帖》拓本局部

3. 王献之

王献之是王羲之第七子。他在书法方面既有继承家学的勤奋，也有创立“新体”的勇气。王献之的行草书要比王羲之更洒脱，字与字之间连笔增多，气势连绵不断，影响了米芾等一批书法家。小楷可能是他艺术成就最高的书体，残本《洛神赋十三行》(如图 4–16) 点画疏朗，结字宽绰，树立了小楷的新风格。

图 4–16：(晋) 王献之《洛神赋十三行》拓本局部

王献之与王羲之的书法都是流美类型，世人常并称为“二王书风”，但是二者书法面貌差异很大，在鉴定时不宜混同。如表 4–2 所示，王羲之的点画和结字都比较含蓄收敛，王献之则更舒展外放。

表 4–2：二王小楷对比

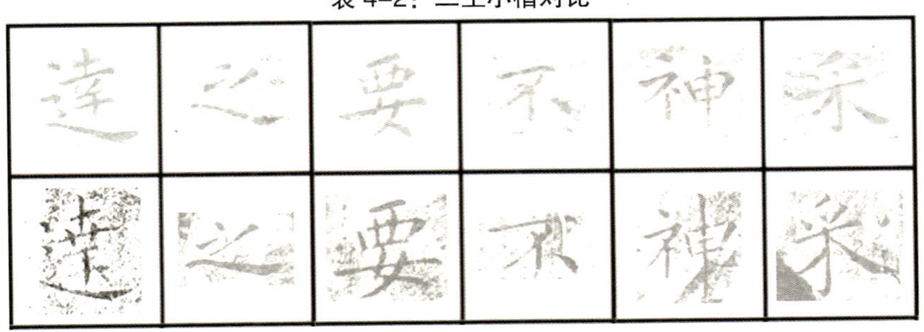

说明：1. 例字选自王羲之《黄庭经》拓本（上行），王献之《洛神赋十三行》（下行）；2. 例字图片均作调色等处理。

（二）魏碑

魏碑起源于南北朝时期，风格多样，方圆兼备，线条粗细变化丰富，古朴自然的气息浓厚。《龙门二十品》《郑文公碑》等均为魏碑的代表作。

不同历史时期对魏碑的接受度不同。隋唐时期，书法家致力于摆脱魏碑影响，发展出了堪称法度典范的唐楷，其后魏碑式微，直到清代中期碑学兴起，魏碑才再次得到广泛接受和推崇，快速发展出了学习和研究体系。康有为甚至认为“古今之中，唯南碑与北碑可宗”，评价魏碑有“十美”：“一曰魄力雄强，二曰气象浑穆，三曰笔法跳越，四曰点画峻厚，五曰意态奇逸，六曰精神飞动，七曰兴趣酣足，八曰骨法洞达，九曰结构天成，十曰血肉丰美。”并列举了《始平公造像记》（如图 4–17）等不同风格的代表性作品。[①] 他自己也身体力行，创造性地将魏碑和行书相结合，写出了新风格（如图 4–18）。

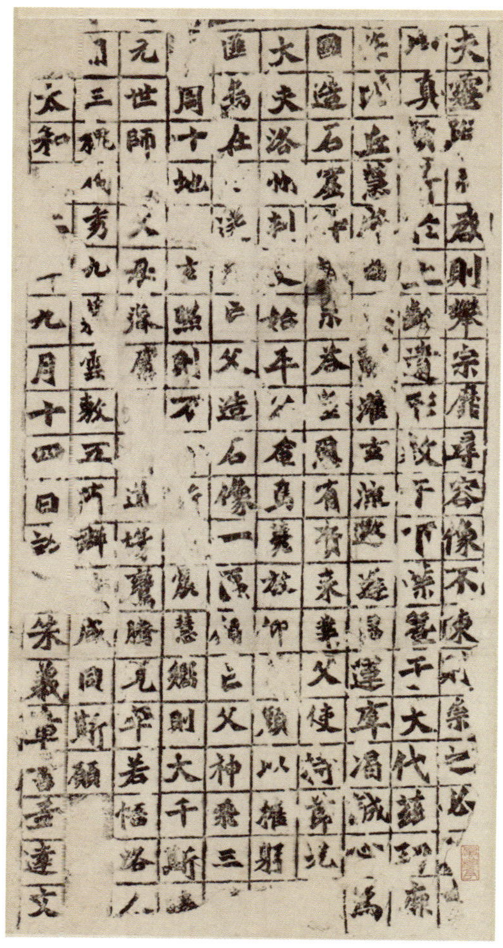

图 4–17：（北魏）《始平公造像记》拓片局部

---

① 参见耿喜锋编著：《书法理论与实践》，中国言实出版社 2017 年版，第 147—148 页。

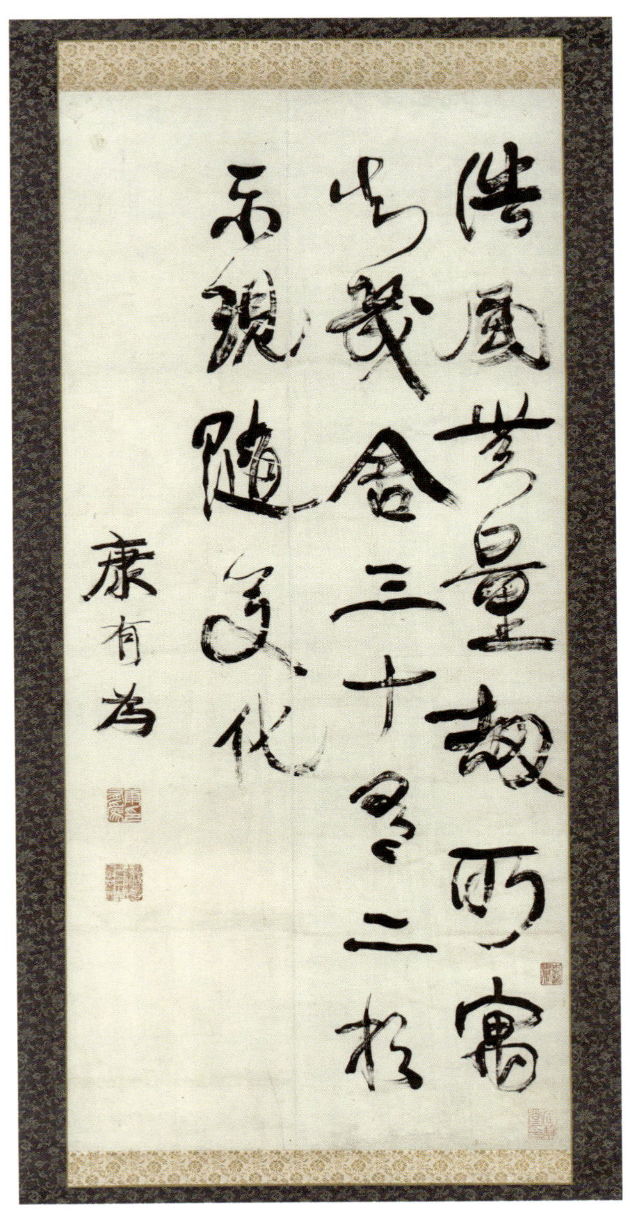

图 4–18:（清）康有为书法中堂

四、隋唐五代书法

（一）欧阳询

欧阳询是唐初书法家，以法度森严的楷书著称，世称“欧体”，是楷书四大家“欧颜柳赵”之一。所谓法度森严，即严谨工整，既美观又实用，所以取法者很多。其知名度最高的作品是《九成宫醴泉铭》（如图 4–19），熔铸了汉隶、晋楷、北碑之长，是唐代楷书成熟之作。

欧阳询行书延续了其楷书风格，严整有余、流动性不足（如图 4–20），一定程度上影响了书写速度，后世直接取法的较少，但是当代偶尔能见到学习者。

（二）褚遂良

褚遂良，唐代书法家，其书法对后世影响深远，被誉为“广大教化”①。其成熟期的楷书最具特色，如“美人婵娟”②。“广大教化”是刘熙载的评语，指褚遂良的书法影响深远且范围很广。“美人婵娟”是张怀瓘的评语，指褚遂良的书法风格很纤秀妩媚，但是褚遂良早期楷书作品规矩严整，不在此列，例如带有浓厚欧虞风格的《孟法师碑》等。

“美人婵娟”类型的代表作是《雁塔圣教序》，笔画纤细，善于运用弧线，偶尔还能见到带有行书笔意的牵丝，显得生动且漂亮；结字趋向于扁平化，同时大量融入以古拙著称的隶书笔意，以避免因笔画瘦细而显得薄弱、单调，避免风格过于媚俗。在唐初追求楷书法度的

① 黄简：《历代书法论文选》，上海书画出版社 1979 年版，第 702 页。
② 黄简：《历代书法论文选》，上海书画出版社 1979 年版，第 192 页。

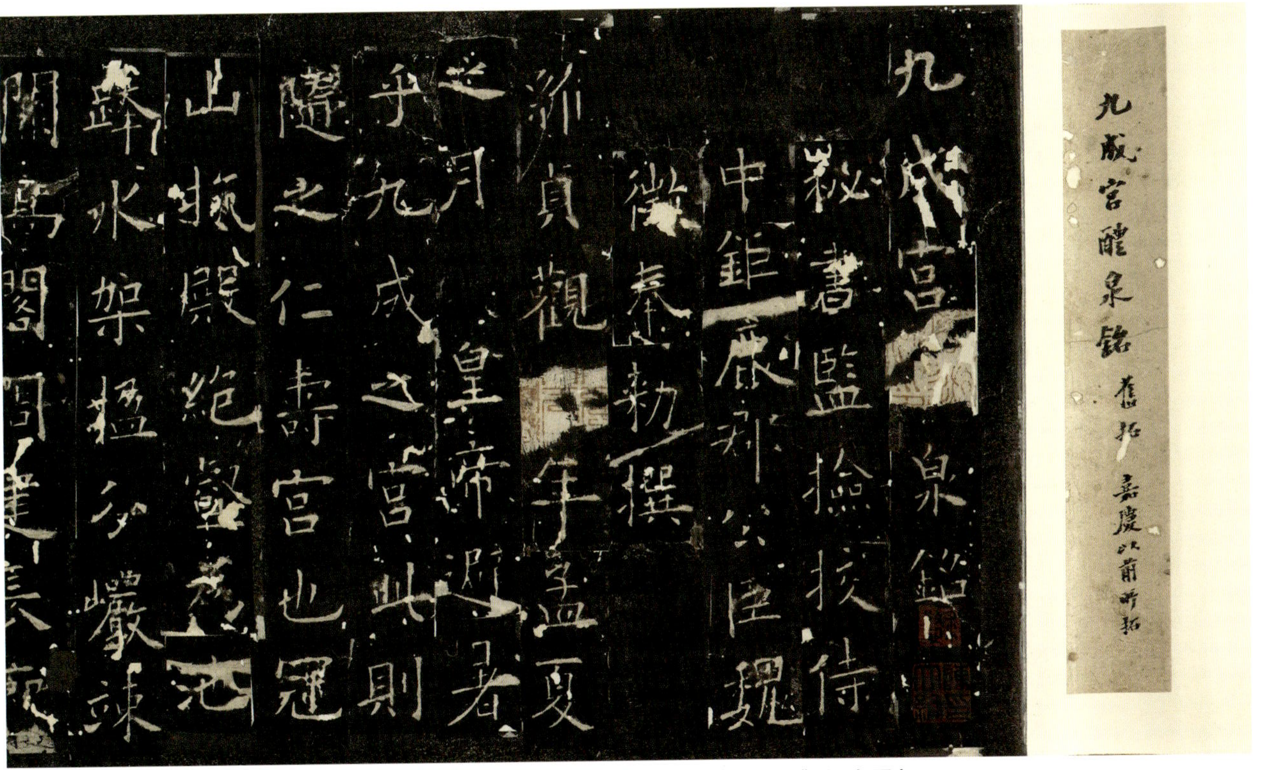

图 4-19：（唐）欧阳询《九成宫醴泉铭》拓本局部

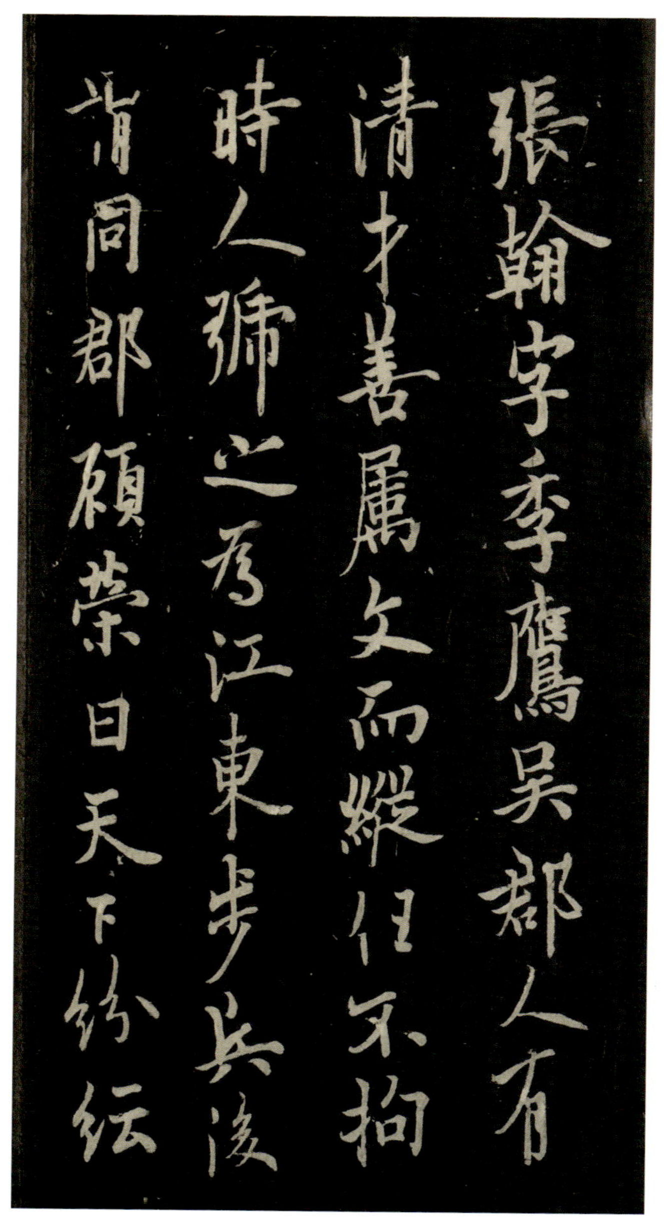

图 4-20：（唐）欧阳询《张翰帖》拓本局部

大环境中，褚遂良开始在“法度”外追求“写意”和“韵味”，是了不起的变革，启发了盛唐之后颜真卿等人的书风转变。

当代书法专业人士很少专门学习唐朝楷书，主要是因为唐楷法度已经极为完备，很难写出突破性的新意，但是褚遂良的字相对灵活，仍有不少人学习，算是特例。

（三）颜真卿

颜真卿，唐代书法家，祖籍琅琊（今山东省临沂市），其楷书、行草书均达到极高境界，是书法史中可以和王羲之相提并论的划时代书法家。

颜真卿的楷书以雄浑大气为主，名列楷书四大家之一。其早年作品尚未形成后世所熟知的典型颜体面貌，《多宝塔碑》等作品较为精致，偶尔透露出结体宽博、气势沉稳的特点。其楷书成熟期代表有《麻姑仙坛记》《颜勤礼碑》《颜家庙碑》等，用笔老辣，结字外撑，气势磅礴。又因为颜真卿及其家族忠贞刚烈，世人遂认为颜体楷书有凛然正气。

颜真卿的行草书在王羲之书风的笼罩之外，开创了另一种风格。代表作《祭侄文稿》（如图 4–21）乍一看去，和漂亮型风格完全不同，涂抹勾画的地方很多，线条以圆笔中锋为主，浑厚有力，笔力内敛，墨色浓重而枯涩，满纸苍茫，更具视觉上的冲击力和感染力。

（四）柳公权

柳公权，唐代书法家，京兆华原（今陕西省铜川市耀州区）人。柳公权以楷书著称，与颜真卿的“颜体”并称为“颜筋柳骨”，也是楷书四大家之一，在中国书法史上占有举足轻重的地位。

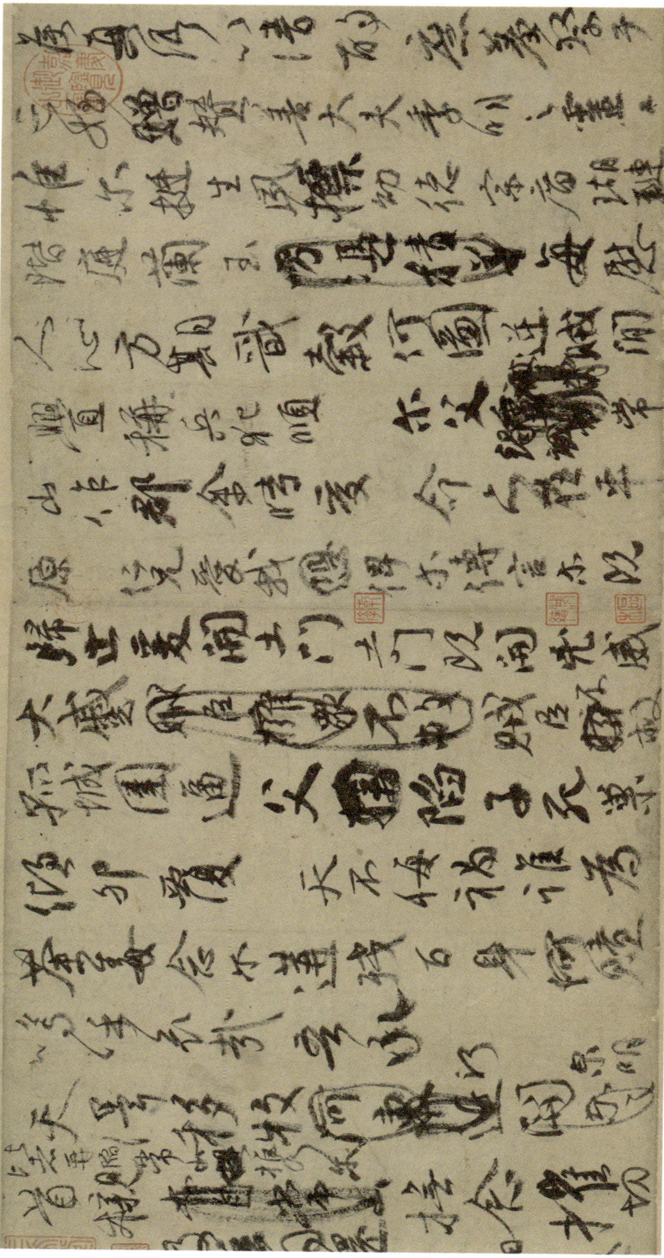

图 4-21：（唐）颜真卿《祭侄文稿》局部

柳公权的楷书无论是笔画还是结字，都是以颜体为学习对象，但是笔画更瘦劲一些，在结体上中宫更紧敛，并向四围发散；笔法多藏锋，回锋逆入，气势磅礴。其楷书代表作有《玄秘碑塔》《神策军碑》等，在《玄秘碑塔》（如图 4–22）中，其书写笔画均匀且棱角分明，结构严谨，但并非呆板无变化，而是注重书写过程中笔画的提按顿挫、轻重缓急，每一笔都充满了生命力和节奏感。总体来说，柳公权的楷书笔画穿插避让极为灵活，正如能工巧匠把大大小小、各有不同的建筑材料巧妙搭配起来，形成了精妙绝伦的建筑，堪称书法界建筑大师。

柳公权的行书也具有较高水平，但是草书可能一般。宋代朱长文评价说，柳公权的楷书、行楷都是妙品[①]中最好的，草书连能品都算不上。事实上，柳公权对当代影响力最大的也的确是其楷书。

五、宋辽金书法

（一）苏轼

苏轼，北宋时期书法家，眉州眉山（今四川省眉山市）人，“宋四家”（苏黄米蔡）之一。苏轼的书法以楷书、行草书最为常见，风格独特，对后世产生了深远影响。

苏轼的楷书端庄大气，代表作品如《醉翁亭记》《丰乐亭记》等，笔力遒劲，结构严谨，但是又不像唐楷那样过于严谨。苏轼的行草书

① 唐代张怀瓘在《书断》中把历代书法作品从高到低划分为书法“神品”“妙品”“能品”三个等级。

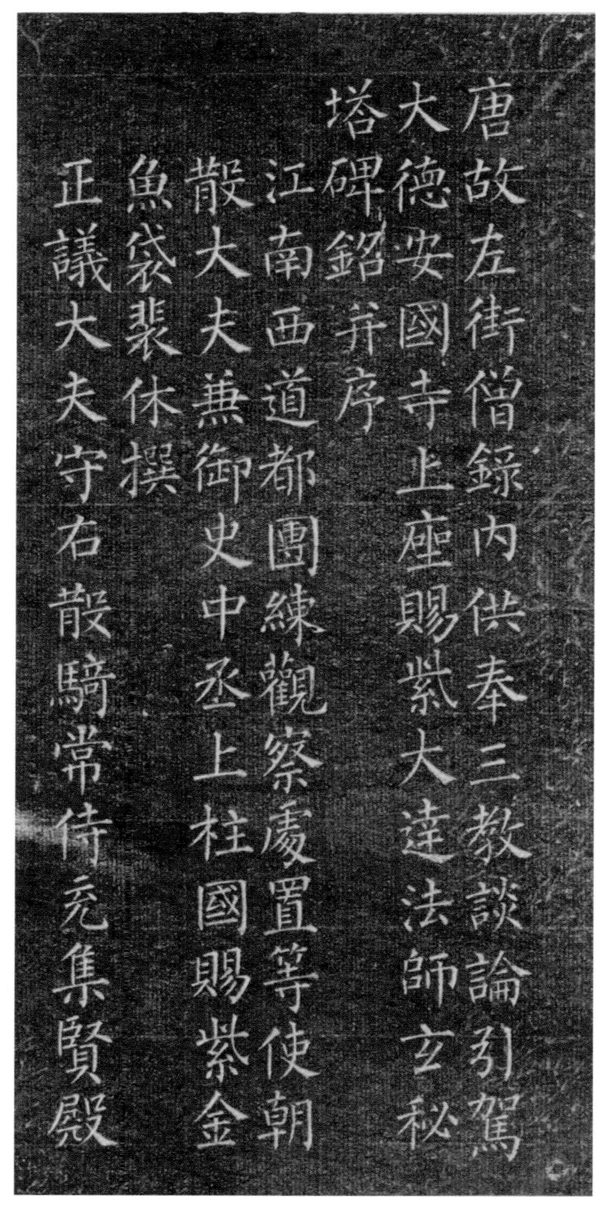

图 4-22：（唐）柳公权小字《玄秘塔碑》（疑）拓本局部

用笔丰腴、用墨普遍较浓，结字多变、章法灵活，代表作有《寒食帖》《宝月帖》《北游帖》等。其中，《寒食帖》（如图 4–23）通篇跌宕起伏，气势奔放而无荒率之笔，被称为“天下第三行书”。与其同时代的黄庭坚虽然戏称苏轼的书法像是“石压蛤蟆”（整体结字偏横向扩展），但是对《寒食帖》评价极高，认为：“东坡此诗似李太白，犹恐太白有未到处。此书有颜鲁公、杨少师、李西台笔意，试使东坡复为之未必此。”[①]

（二）黄庭坚

黄庭坚，北宋时期书法家，洪州分宁（今江西省九江市修水县）人，“宋四家”之一。黄庭坚的楷书、行书、草书都很有造诣，追求个性，造型上普遍夸张，中宫收紧，笔画极力向四周伸展，像是长枪大戟，很有视觉效果。后世学习者不少，例如，明代文征明的大楷和大字行书绝大多数都是借用了黄庭坚的写法；明代祝允明的草书借鉴了黄庭坚的笔意等。

黄庭坚的行草书重“韵”，笔法劲健、转折分明、节奏感强，用笔多变但有规律可循，各字之间相互呼应，笔画之间衔接自然且流畅。其行草书代表作品有《诸上座卷》《廉颇蔺相如列传》等。

黄庭坚是宋代书法尚意的代表性人物之一，在中国书法史上占有重要地位。

---

① （宋）黄庭坚：《跋黄州寒食帖》，台北故宫博物院藏。

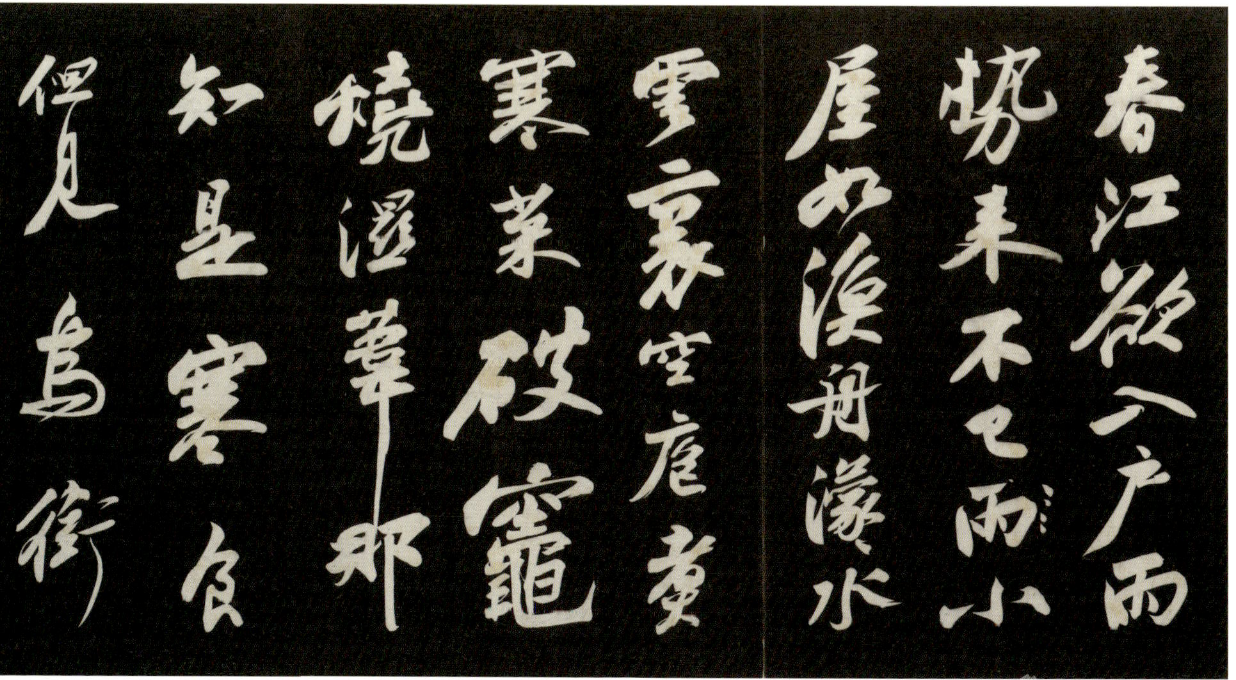

图4–23：（宋）苏轼《寒食帖》拓本局部

（三）米芾

米芾，北宋时期书法家，祖籍山西太原，后迁湖北襄阳，晚居江苏镇江，“宋四家”之一。米芾对书法极为痴迷，其早期作品大多属于“集古字”，即偏重于对古人书法经典的学习与继承，讲究笔笔有来历，后来追求“出新意”，纵横恣肆，体势骏迈，变化多端，沉着痛快，于“宋四家”中独树一帜。

米芾擅长多种书体，对自己的小楷尤其自信，据说轻易不为他人书写，但是从对后世的影响来说，其行草书成就最大。

米芾的行草书以用笔迅疾、力沉奇倔著称，整体锋芒毕露，富有个性。笔画露锋多，用笔走向清晰，而且传世墨迹多，所以学习的人就多。其代表作有《蜀素帖》《将之苕溪诗帖》以及大量书信等。

（四）蔡襄

蔡襄，北宋时期书法家，福建路兴化军仙游县（今福建省莆田市）人，“宋四家”之一。蔡襄擅长楷书、行书和草书，他的书法恪守晋唐法度，中规中矩，在“宋四家”中算是个性稍弱的一位。但是其书法起到了承上启下的作用，不可忽视。

古人在学习晋代、唐代书法时，因为很难见到墨迹本，往往借用蔡襄的笔法。当代书法家中也有很多采用同样的方法，虽然声称“书宗晋唐”，其实是以蔡襄为基础。

其楷书代表作有《万安桥记》《谢赐御书诗》等，行草书代表作有《虹县帖》《蒙惠帖》《扈从帖》等。

（五）赵佶

赵佶，即宋徽宗，北宋第八代皇帝，北宋时期书法家，汴京（今河南省开封市）人。赵佶在书法领域有着卓越成就，自创的“瘦金体”不仅融合了黄庭坚、褚遂良等名家书法的特点，还巧妙融入了绘画中的勾线手法，使得字体结构瘦挺爽利、笔画形态有如兰竹，与其所画工笔重彩相映成趣，所以后世很多画工笔画的名家都以瘦金体题画。

赵佶的瘦金体结构严谨，笔画纤细，用笔过程很清晰，书写速度较快，也适合硬笔临摹，传世书法作品有《楷书千字文》《秾芳诗帖》《夏日诗帖》等。

六、元明书法

（一）赵孟頫

赵孟頫，元代书法家，吴兴（今浙江省湖州市）人。赵孟頫博学多才，诗词文章俱佳，对篆刻重要类型“元朱文”的定型具有重要作用。其绘画题材广泛，而且都具有很高水平，提倡“复古”。

赵孟頫的书法篆、隶、真、行、草诸体皆善，同时代学习其书法的不计其数，形成了赵体书法体系。到清代，由于帝王的偏爱，学习赵体书法俨然成为科举晋身的必学科目。乾隆皇帝命人编刻的《三希堂法帖》，收录了历代书法名家130余人340余件作品，其中赵孟頫就收录33件。清代曾国藩对赵孟頫极为推崇，认为其书法是“集古今之大成”[①]。此外，赵孟頫书法的影响力还一度扩大到日本、韩国等地，

① （清）曾国藩：《曾国藩全集》，岳麓书社1985年版，第472页。

现在依然可以在当地见到很多赵体风格的书法作品。

赵孟頫的楷书在书法史中地位很高，其本人名列“楷书四大家”，而且是“楷书四大家”中唯一不是唐代的。其楷书整体遒媚秀逸，结体严整，笔法圆熟，带有行书特点，用笔精细，起笔、运笔和收笔都交代得十分清楚，点画之间彼引呼应，给人以端庄秀丽、圆润流畅之感。代表作有《胆巴碑》《三门记》《寿春堂记》等，既有王羲之遗风，又别具赵体书法面目。

赵孟頫的行草书华美流畅，学习的人也很多，明代文征明、祝允明等人都深受其影响。在清代碑学兴起之后，赵孟頫华美一路的书法受到贬抑，即便是在当代专业书法圈内，因为赵孟頫的书法偏于中庸，个性稍显不足，所以学习的人也不算太多。代表作有《洛神赋》《前后赤壁赋》等。

（二）文征明

文征明，明代书法家，江苏苏州人。文征明最初学习明代名家李应祯的书法，后来广泛学习前代名迹，最终形成较为突出的个人特色，是赵孟頫之后极少数精通篆、隶、真、行、草等多种书法的书法宗师，尤以小楷和行书最具特色。

文征明的小楷技艺精湛、结构巧妙、字形匀称、庄重典雅。笔画粗细得当，起笔收笔自然流畅，既有晋唐古人的神韵，又具有自己的独特风貌。其小楷代表作品众多，如《太上老君说常清静经》《老子列传》等。

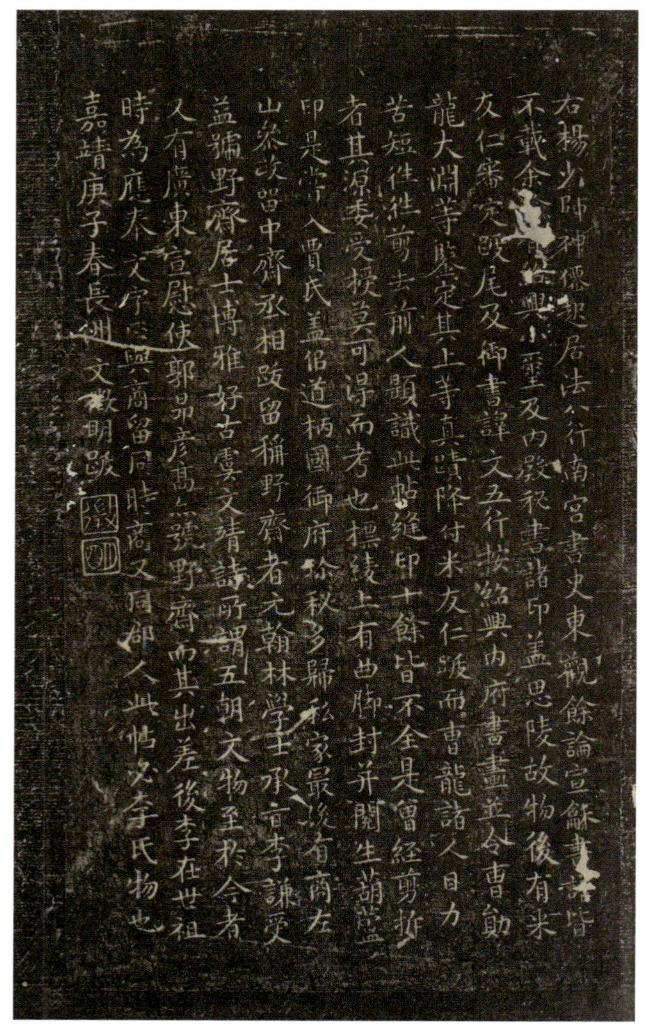

图 4-24：（明）文征明小楷拓本

文征明的行草书意态生动、气韵流畅，在遵循传统书法法度的同时，注重笔画的精准和结构的严谨，代表作有《临兰亭序》（如图 4-25）、《前赤壁赋》、《琵琶行》等。

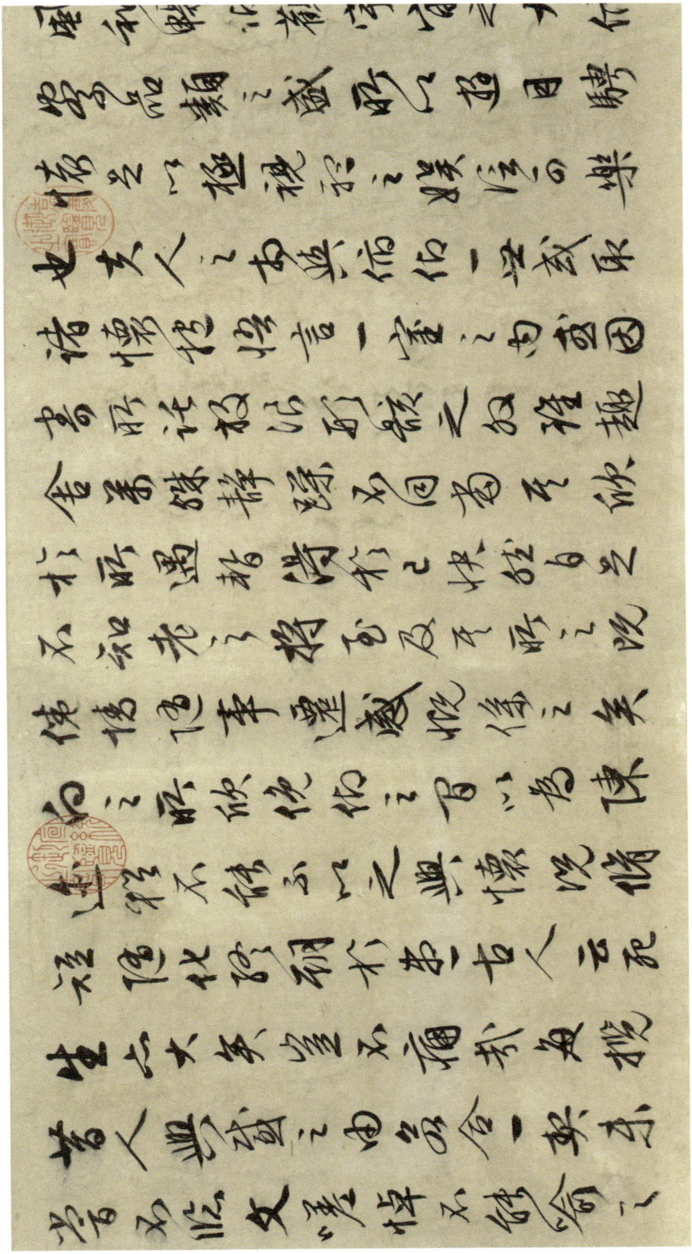

图 4-25：（明）文征明《临兰亭序》局部

文征明的小楷和行草书笔画粗细变化不大，规律性很强，较易学习，尤其是其小楷适合长篇幅作品创作，也适合硬笔临习，所以后世直至当代都有很多人学习。

（三）董其昌

董其昌，明代书法家，松江华亭（今上海闵行区马桥）人，“晚明四家”之一，在明末书坛极具影响力。清代康熙皇帝尤其喜欢董其昌的书法，文人阶层学习董书成风。董其昌写书法追求“熟后求生”，以“生”破俗，以“生”得书法的秀润之色，并将自己的书法与赵孟頫相比较，早年认为赵孟頫因为太熟而显得俗气，但是在其晚年终于认识到难以比得上赵孟頫的书法。

董其昌书法（及绘画）的特点可以用“散淡”两个字进行概括，不仅不属于规整的类型，恰恰要极力避开写得规整，尽量显得“松散”。这种松散既有用笔上的不计工拙，也有线条形态上的随意，还有字距和行距上的拉大。其代表作有《行草书册页》《华清宫词》等。

七、清代书法

（一）朱耷

朱耷，号“八大山人”，清代书法家，江西南昌人。朱耷是明太祖朱元璋第十七子朱权的九世孙，明亡后削发为僧，以遗民自居。其书法既有传统，又有个性，喜欢用秃笔写字，用笔以中锋为主，线条圆润，粗细变化不大，和唐代怀素《自叙帖》类似，但是结字上有大量夸张变形，空间布局很有新意。其书法成就以行草最高，代表作有《行草书中堂》（如图 4–26）、《桃花源记》等。

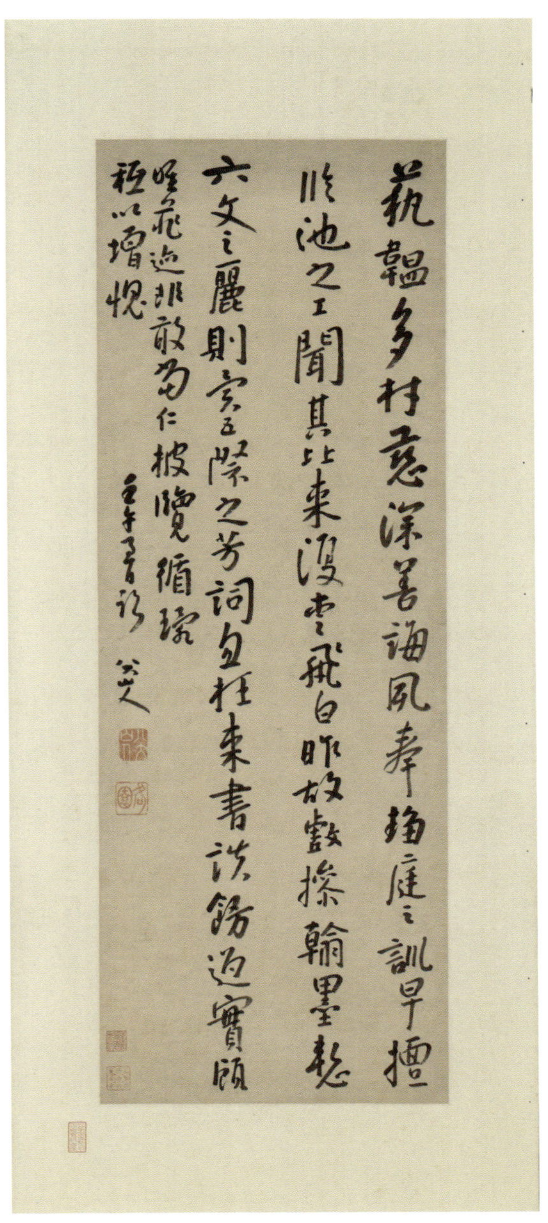

图 4-26：（清）朱耷书法卷轴

（二）金农

金农，清代书法家，钱塘（今浙江省杭州市）人，“扬州八怪”之首。金农在艺术道路上追求离经叛道，其书法风格在当时与主流格格不入，所以被称为“怪”。也正是因为其“怪”，才与世俗拉开了距离，艺术性有了保证。

金农书法造诣深厚，多种书体齐头并进，首创“漆书”，墨浓如漆，写出的字像是凸出于纸面，很是醒目。其篆书多用渴笔，形体上借用三国时期的《天发神谶碑》，上粗下细，风格明显，金石味道很足，在当代也有不少学习者；其隶书被称为“金农体”，以扁笔为特色，兼具楷、隶特点；其楷书掺杂了隶书写法，线条较为均匀，方笔多于圆笔；其行草书大多字字独立，点画隶书、楷书、行书夹杂，书写速度较快。

（三）伊秉绶

伊秉绶，清代书法家，福建汀州宁化县人。伊秉绶行楷书学颜真卿、李东阳，但是糅合了篆书、隶书的用笔和结字，和晋唐体系的面貌有别（如图 4–27）。其隶书深入秦汉、取法高古，下大力气临写《衡方碑》等，极力避免唐代之后尤其是当时隶书风格的影响，终于在隶书名家辈出的清代占有了一席之地，成为清代碑刻隶书中兴的代表人物之一。

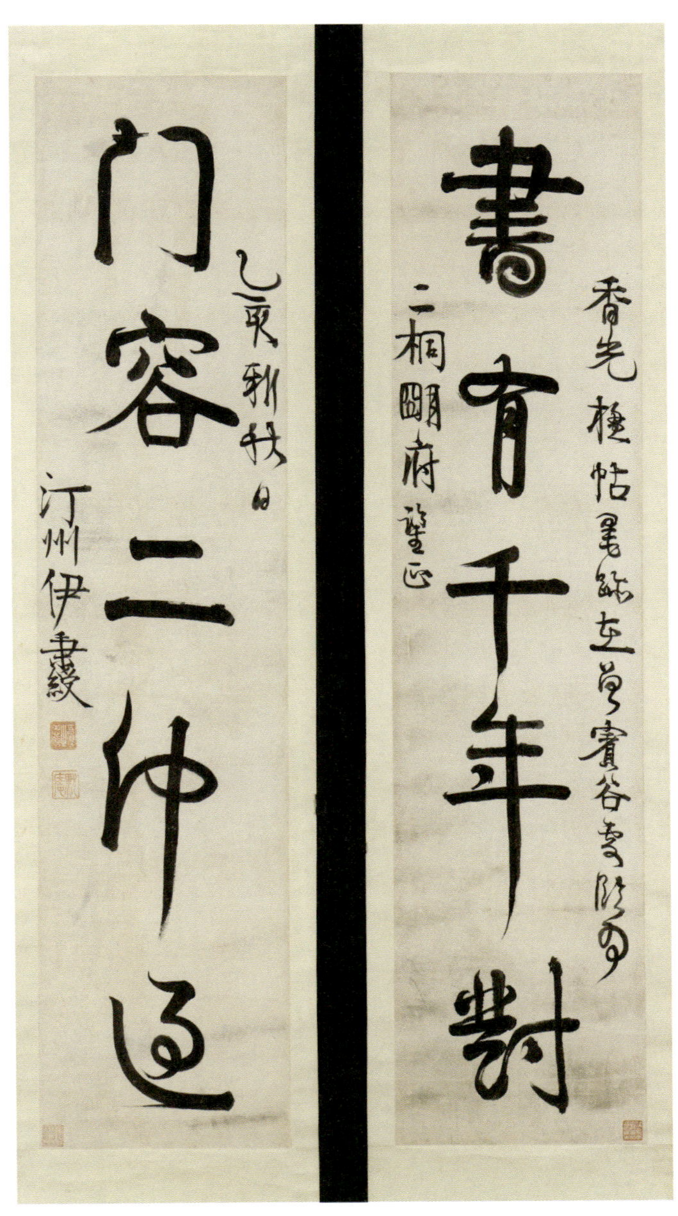

图 4–27：（清）伊秉绶行草对联

伊秉绶的隶书笔画直来直往，一笔之中很少有提按变化，也没有传统隶书的波磔；结字上宽博舒展、四边充实，气息端庄大方、雄浑静穆；章法上具有较强的空间感。代表作如《题王元章画梅》《翰墨因缘旧联》等，在灵活的疏密聚散之中，求得朴素真挚，很有韵味。

（四）何绍基

何绍基，清代书法家，湖南道州（今道县）人。何绍基在楷、行、隶、篆等书体上都有显著成就，对后世影响较大的是楷书和行书。曾国藩曾评价何绍基说："子贞现临隶字，每日临七八页，今年已千页矣……盖子贞之学，长于五事……五曰字好，此五事者，渠意皆欲有所传于后少……若字则必传千古无疑矣。"①

何绍基的行草书融篆、隶于一炉，以颜体为根本，但是更加突出老辣、苍茫的气势，特别是在其中年之后，风格更加成熟，气韵生动、中锋入纸，时常点缀颤笔。代表作有《行书苏诗》（如图 4–28）、《种竹日记》等。

何绍基的行草书不落俗套，对当代影响较大，学习者很多。

---

① （清）曾国藩：《曾国藩全集》，岳麓书社 1985 年版，第 80 页。

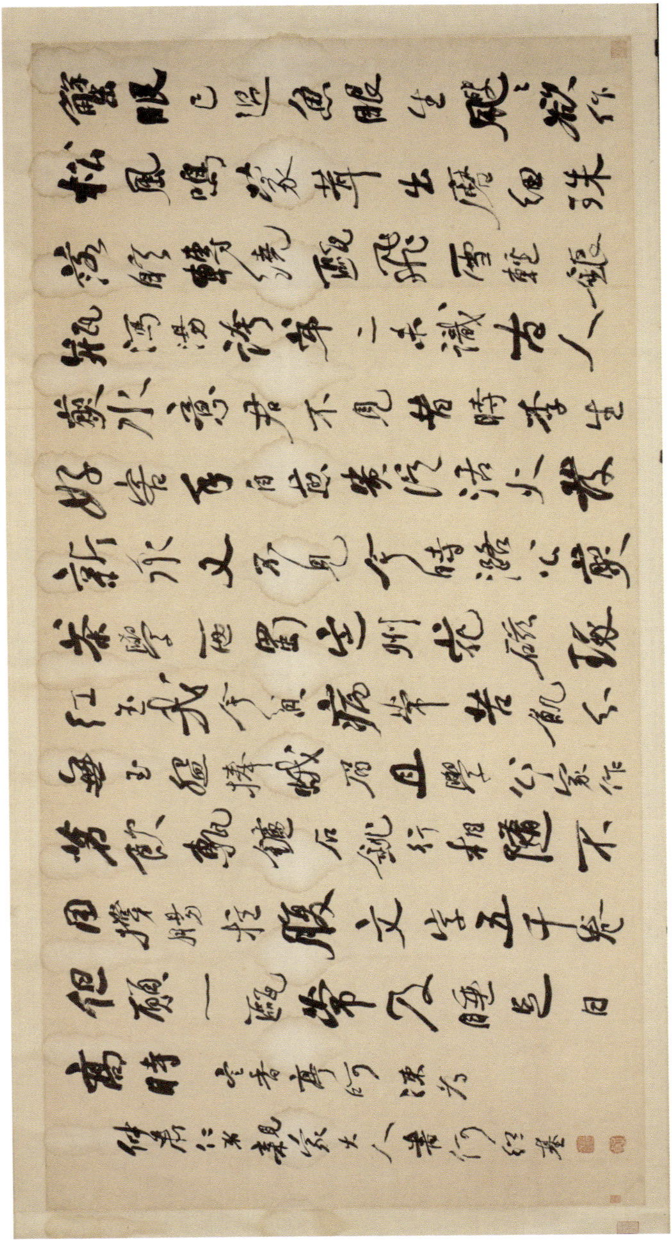

图 4–28：（清）何绍基《行书苏诗》

（五）赵之谦

赵之谦，清代书法家，浙江会稽（今浙江省绍兴市）人。赵之谦的书法初学邓如石，而后上溯汉碑，在古人的书法中汲取营养，并蓄广收，将真、草、隶、篆的笔法融为一体，形成具有特色的个人风格。

赵之谦的篆书以其奇崛雄强、别出时俗著称，结构严谨、篆法生动，完全不同于笔法单一的“玉箸篆”，书写性更强。代表作有《许氏说文叙册》《潜夫论》等。

赵之谦的楷书融合了碑学与帖学的精髓，结字上以灵活多变的魏碑为主，用笔上结合了帖学的流畅柔婉，从而具有了新面貌。代表作有《赵之谦北碑书》《六朝书》等，用笔方圆结合、寓柔于刚，线条厚重而富有力量感。

赵之谦的行书可能是其艺术成就最高者，把行书的生动灵活和魏碑楷书的质朴古拙结合起来，形成了独特的“草体魏书”。在清代碑学盛行的时期，这是碑帖融合较为成功的例子之一。代表作品众多，如《为爵棠书四条屏》《行书校礼堂诗轴》等。

图 4–29 是赵之谦的篆书对联，虽然赵在下款中称内容是“集会稽刻石”，但完全是自家面目，并非秦篆风格；上下款系行楷，与正文篆书一静一动、趣味横生。

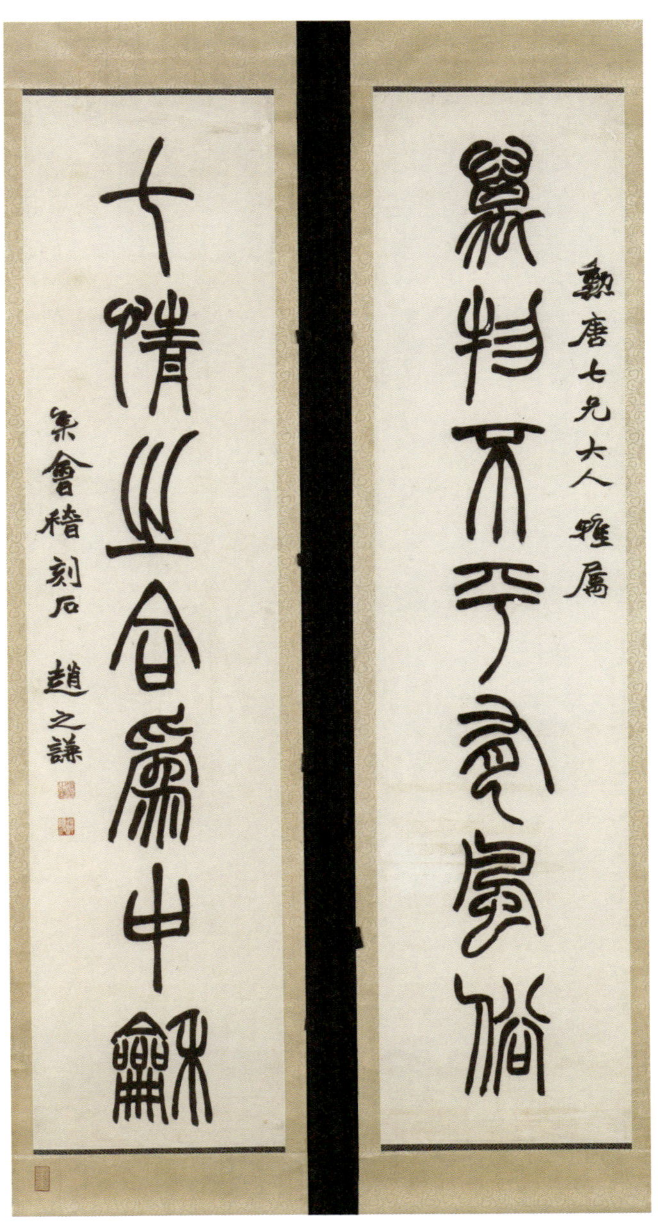

图 4-29：（清）赵之谦篆书对联

第五章　书法构成要素

传统书法理论基本是通过笔法、结构、章法来阐释书法基本要素，有的会再加上墨法。严格来讲，笔法是对动作（书写技巧）的研究，偏重于动态；结构、章法是对笔画既成空间状态的研究，偏重于静态。本章将分别对结构（小空间）、章法（大空间）进行讨论。之所以称为“空间”，是因为有的书法材料会让线条呈现出凸凹起伏的物理状态，个别情形下，也需要判断交叉或重合笔迹形成的顺序，冠以“空间”之名可以便于理解。然而这并不意味着书法属于立体艺术，至少不是典型的立体艺术。

一、笔法与线条

在笔迹鉴定中，我们主要是观察、比对线条形态，但是书法中的笔法概念与线条息息相关，需要稍加介绍。

（一）笔法

笔法也称用笔，是书法中最核心的内容之一。对于笔法的内涵有不同理解。从字面来看，笔法就是用笔写字的方法，但是历代关于笔法的论述明显超出了字面含义，邱振中先生认为这些论述包括以下几方面内容：

a）对笔的控制方法——执与运（腕运、指运等）；

b）笔锋的运动形式（包括空间形式与时间形式）；

c）笔法的形态表现——点画书写法；

d）各种审美理想对笔法的要求；

e）各种笔法所产生的线条的审美价值。

a、c是操作层面上的要求，d、e则离构成层面有一段距离，只有b是统领整个笔法的关键，它在一个较深的层次上反映了笔法的构成本质。①

如果能够深刻理解上述笔法的有关内容，就能透过现象看本质，很多鉴定难题将迎刃而解。但书法是一门成长较慢的艺术，要想具备正确且较高的笔法水平，需要长期刻苦的专业训练，而且不同书体笔法存在差异，书法专业界也极少有人可以全面精通各种笔法。例如，蝇头小楷和擘窠大字笔法差异很大，很多精通小楷的人写大字显得拘束、孱弱，惯于写大字的人写小字又过于粗糙，都是笔法不对的缘故。

同一种笔法，在工具和其他客观条件不同时，会表现出不同线条形态。即便是同一个人用同样的笔法书写，当所用毛笔、纸张不同时，依然会有笔画形态的较大差异。具有专业书法知识的人可以通过笔法判断其同一性（系同一人书写），非专业书法人士可能无法在不同形态中提炼背后的笔法，从而误判为不具有同一性。因此，对笔画形态

---

① 参见邱振中：《书法的形态与阐释》，中国人民大学出版社2011年版，第57页。

的观察可能更难。对结构、章法的观察稍显简单，精准的测量工具和计算机软件的应用能解决绝大部分问题。

笔法系统的复杂性、笔法学习的长期性，决定了专业鉴定人员不可能普遍具有高深的书法造诣，况且书法鉴定在实践中所占比例很小，大多数鉴定人员要面临其他各种类型的鉴定委托，就更不可能投入大量时间学习笔法。好在我们还可以换个角度思考问题，把笔法呈现出来的结果——线条作为考察对象，鉴定会更容易一些。正如文学评论家的关注点应当是评论本身而不是文学创作一样，鉴定人员也没必要精通书法创作，只需要熟悉各种书法元素即可。

（二）线条

书法中线条的概念容易和用笔混淆。用笔是形成线条的动作，线条是用笔形成的结果。所有线条都可以通过粗细、角度、长度三个维度进行描述。例如，书法线条的首尾往往最有特点，也最容易体现不同书写习惯，较有价值的常见特征有线条首尾笔尖形态、线条凹凸位置、切线角度、收笔形态等，择要举例分析如下：

1. 线条首尾笔尖形态

有尖锐、不尖锐两种。如图 5-1，1 处的横起笔露尖，形态尖锐，角度（与水平线交角）约为 30°，笔画粗细适中；2 处的横起笔露尖，形态尖锐，角度（与水平线交角）约为 45°；3 处不露尖，但是形态尖锐，角度（与水平线交角）约为 90°。三者区别较为明显。

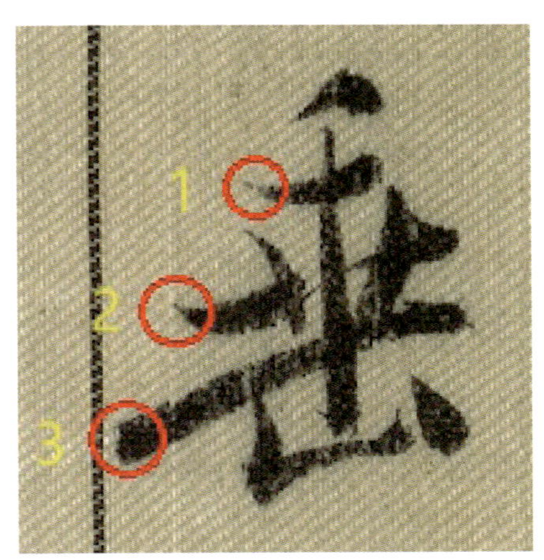

图 5–1：选自（宋）米芾《蜀素帖》

这里所说的尖锐、不尖锐，并非等同于传统书法中的露锋、藏锋。露锋写出来的形态不一定很尖锐，藏锋写出来的形态也不一定不尖锐。如图 5–2，两个笔画起笔处都是露锋写法，在刻意控制下，露出的部分很短，再加上墨的含水量较多且采用了较生的纸张，洇墨之后已经看不出是露锋，形态也并不是很尖锐。如果用秃尖的笔书写，露尖会更不明显。再如，图 5–1 的 3 处，系逆笔藏锋写法，写到笔画最左上方时，笔尖是被包裹在内的，因为书写角度的原因，依然形成了比较尖锐的角。

图 5–2：露锋非尖锐书写效果（笔者示例）

2. 拐点位置

线条拐点位置是很容易被忽略但很有价值的书写特征。拐点处大多有线条粗细变化，伴随着或凹陷或凸出的形态，有些凹凸是自然书写形成的，动作极细微，有的则是刻意写出来的。自然书写形成的凹凸较难模仿，特征价值更大。举例分析如下：

如图 5–3，三个捺都有两个明显的拐点，1 号捺第一个拐点较靠前，约为笔画全长的六分之一处，线条粗细变化不明显，第二个拐点很靠前，约为笔画全长的三分之二处，线条变粗向上下两侧凸出。

2 号捺第一个拐点很靠前，基本是在起笔处就调整了行笔方向，拐点前线条逐渐变粗，在拐点后继续变粗，第二个拐点较靠后，约为笔画全长的八分之一处，拐点处线条最粗，整个壁画上侧较为齐平，近似于直线。这种形态的捺有时候被称为“金刀捺”。

3 号捺第一个拐点很靠前，约为笔画全长的五分之二处，拐点前线条粗细变化不明显，拐点后线条逐渐变粗，第二个拐点较靠后，约为笔画全长的六分之五处，拐点处线条最粗，上略凹、下凸出。

可以发现，三个笔画线条特征差异明显，其中 3 号笔画书写技巧最复杂，拐点处的凹凸是书写过程中改变行笔方向再加上提按自然形成的，很难模仿。

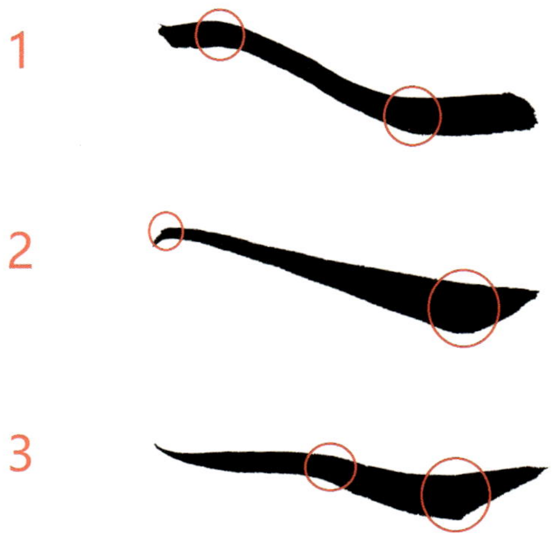

图 5-3：笔画拐点（笔者示例）

需要说明的是，小字（字径2厘米以内）[①]的笔画更重视首尾形态，对笔画中段关注较少。更大的字因为笔画书写路线较长，笔画中段需要进行各种方式的强化，以避免显得孱弱（中怯）。图 5-4 是宋代黄庭坚的大字书法作品，以“老”字为例，长横中段有三处故意写出来的颤抖形态，以避免笔画过于平直，其他圆圈标注的地方情形类似。图 5-5 同样是黄庭坚的书法作品，但属于日常书写的小字，笔画几乎没有出现颤抖。因此，对小字而言，选择特征点时要重点关注笔画首尾；对大字而言，笔画首尾固然是重点，也要适当留意中段。

---

① 当代书法界普遍认为字径 2 厘米以内的属于小字书法，各类书法比赛按此标准对稿件进行划分。

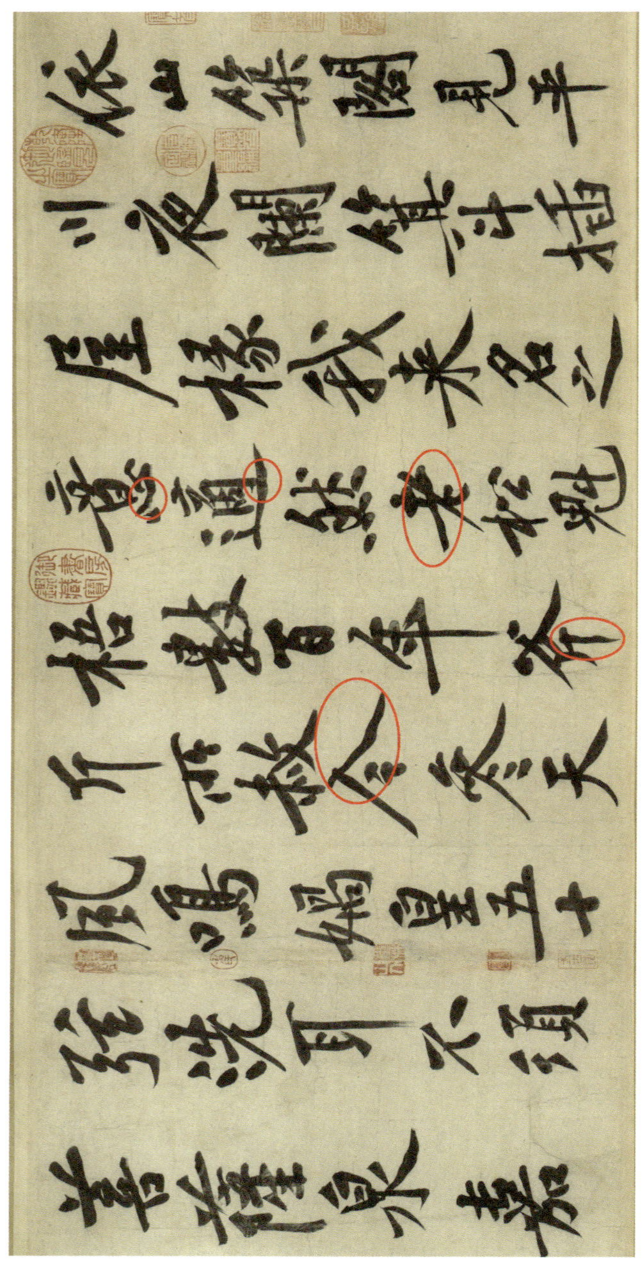

图 5-4：（宋）黄庭坚《松风阁诗帖》局部

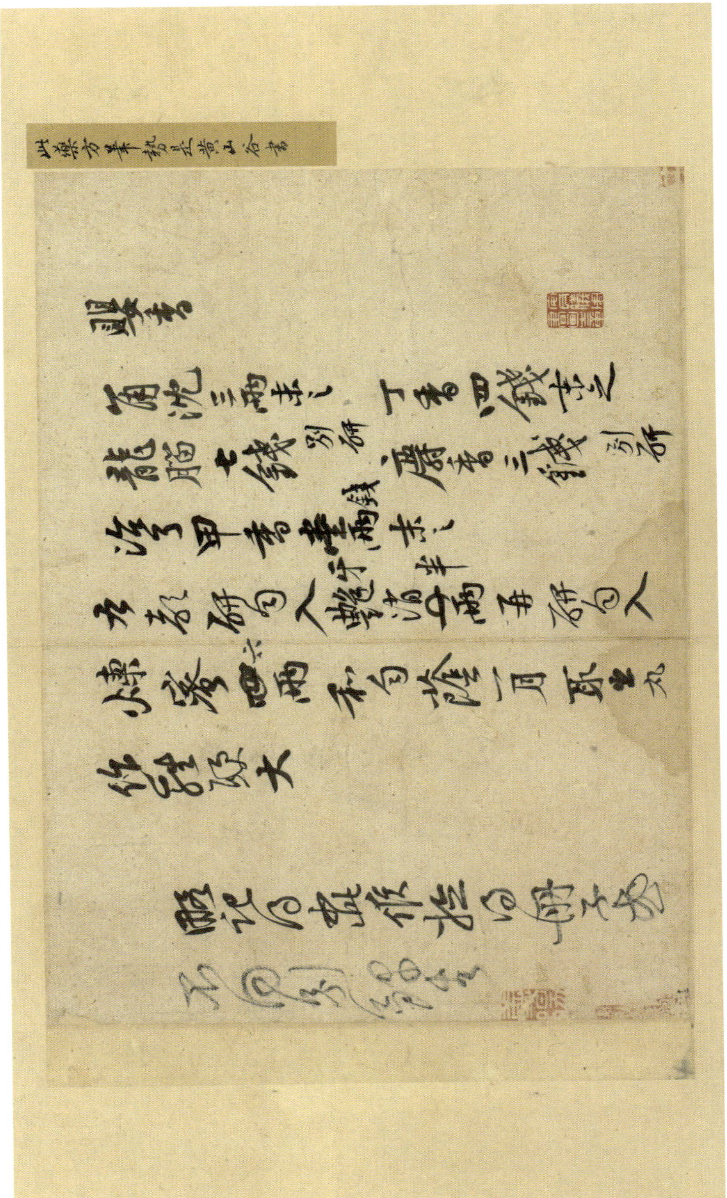

图5-5：（宋）黄庭坚《婴香帖》

二、空间

（一）小空间

小空间要素基本等同于结字，但并不仅仅以单个笔画为考察对象，而是既可以截取笔画的一部分，也可以组合不同笔画，观察其在整个字中所占的空间地位。如图 5–6，“同”字有四条横线和四条竖线，自上起前三条横线都是左低右高，在行笔过程中逐渐向上倾斜，相邻横线的角度和间距较为类似，第四条横线角度较平，与前三横差异较大，与第三横的间距大于前三横的相邻间距。左起第一竖和第四竖组成了上窄下宽的梯形结构，一、二竖的间距小于三、四竖的间距，二、三竖的间距最大。第二横和口字在梯形空间内部整体靠左上，这是赵孟頫书法的特点之一：在半封闭或全封闭的口字结构中，内部的横向、纵向间距会适当拉大。

图 5–6：小空间要素（笔者示例）

笔画之间会有连笔，分为实连和虚连，两者都能体现书写动作的连续性，但实连的连接线条呈连续状态，虚连的连接线条呈断开状态。连笔能打破各个笔画空间的独立状态，形成具有一定特征的跨区域连接关系。

图 5-7：左侧系笔者示例，右侧选自（宋）米芾《德忧帖》

大部分连笔属于提高书写速度的自然呼应，在整个字中处于次要地位，以较细的虚连为主，连接线条的粗细、与笔画本体的距离呈反相关关系，即越靠近笔画本体连接线条越粗，越远离笔画本体连接线条越细，如图 5-7 所示“净”字。对于这类连接线条，主要考察其角度和粗细变化的速度。

有的连笔具有更为独立的地位，成为空间构成的重要部分，表现出更多不同形式，也会有线条中段变化。对于这类连接线条，要视为普通笔画研究其特征。如图 5-7 所示“过”字。

（二）大空间

1. 大空间要素的形式

大空间要素基本等同于章法，即单字之间的位置关系，“盖所谓行间茂密是也”[①]。字距大体有等距、非等距两大类，等距又可分为宽松、普通、紧缩。非等距的情况较为复杂，但可以看成不同等距种类的组合。行距同样可以划分为上述类型，并与字距类型交叉组合，形成大

① （明）董其昌：《画禅室随笔》（卷一），哈佛大学图书馆藏乾隆三十三年本，第 6 页。

空间的变比。图 5–8，属于普通类型，字距和行距均匀，这样的形式在楷体字、隶体字、篆体字等规整的字体中较为常见。图 5–9、5–10，属于行距大于字距类型，字距紧缩，行距宽松，这样的形式在行楷体、行书体、行草体、草书体等更加注重书写变化的字体中较为常见，但是在规整字体中也并非没有。现将字距、行距类型及其搭配列表如下：

表 5–1：字距、行距类型及其搭配

行距	字距		
	宽松	普通	紧缩
宽松	宽松等距	行距大于字距	行距远大于字距
普通	行距小于字距	普通等距	行距大于字距
紧缩	行距远小于字距	行距小于字距	紧缩等距

在更细致的研究中，还可以进一步划分字距和行距的不同类型，如极宽松、宽松、较宽松、普通、较紧缩、紧缩、极紧缩等。字距极宽松的写法，以五代杨凝式的《韭花帖》、宋代苏辙的《致提刑国博执事帖》（如图 5–11）为代表，后来这种写法被明代董其昌继承并充分发挥。

根据每个字的排列能否形成较明显的行列，可分为有行有列、有行无列、无行有列、无行无列四种。[①] 前三种较好理解，如图 5–8 是典型的有行有列，图 5–9、5–10 是典型的有行无列。第四种无行无列较少，目前仅在极少数创新尝试的作品中能见到（如图 5–12）。当代王冬龄先生的书法作品也有这种形式。

① 现行汉语通用文字排列是自左向右、自上而下横排，横向称为行，纵向称为列。传统排列则是自右向左、自上而下，纵向称为竖行，横向称为横行。在讨论行列时，称谓要根据文字排列方式相应变化。

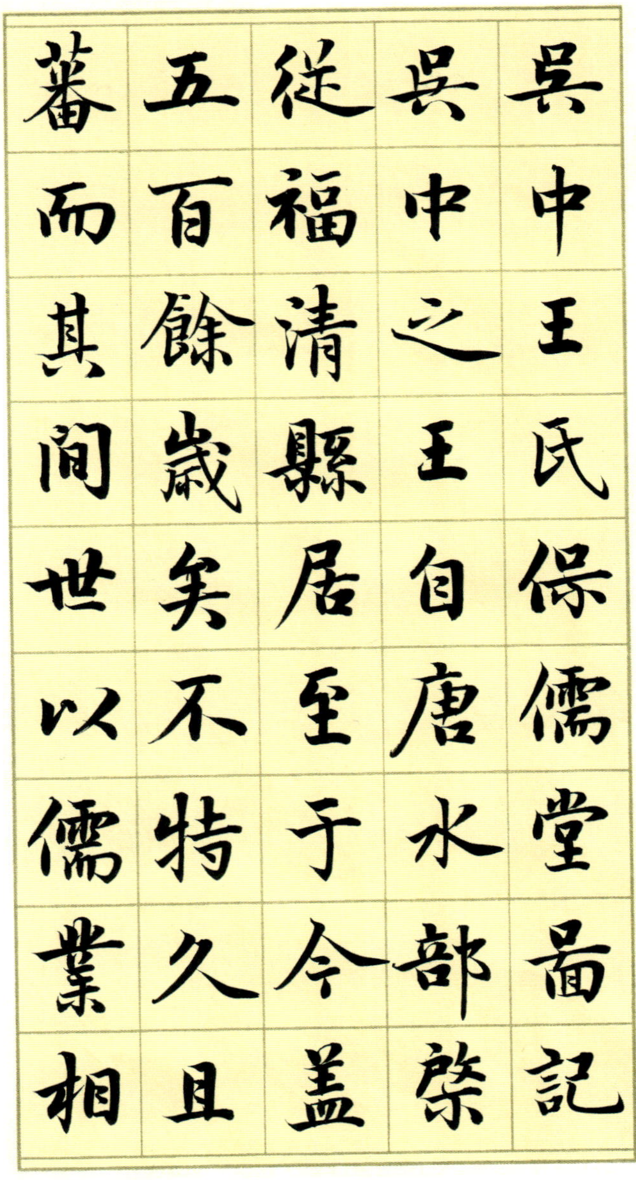

图 5-8：普通等距空间布局（笔者示例）

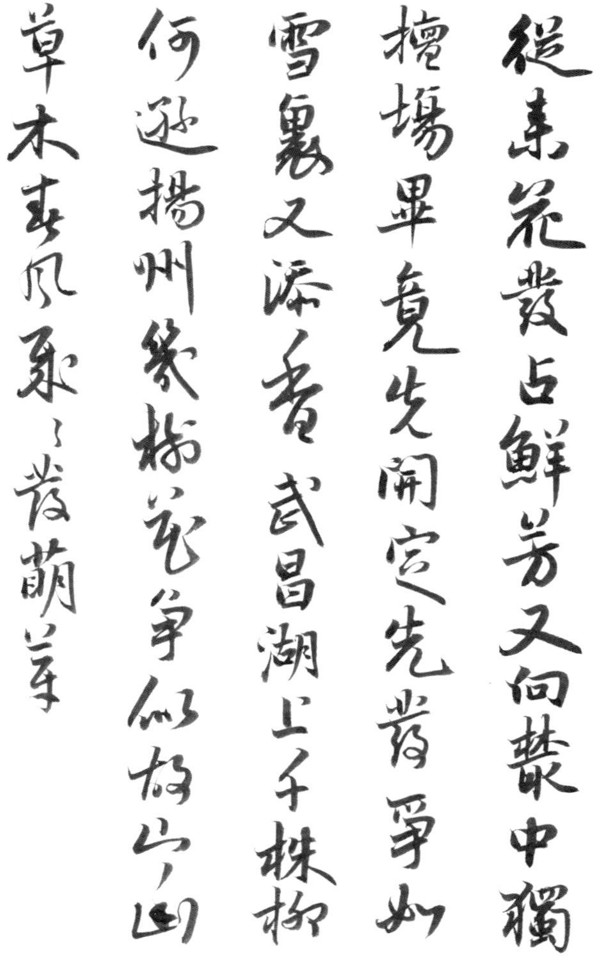

從來花發占鮮芳又向叢中獨
擅場畢竟先開定先發爭如
雪裏又添香 武昌湖上千株柳
何遜揚州幾樹花爭似幽
草木春風來〻發萌芽

图 5-9：行距大于字距空间布局（笔者示例）

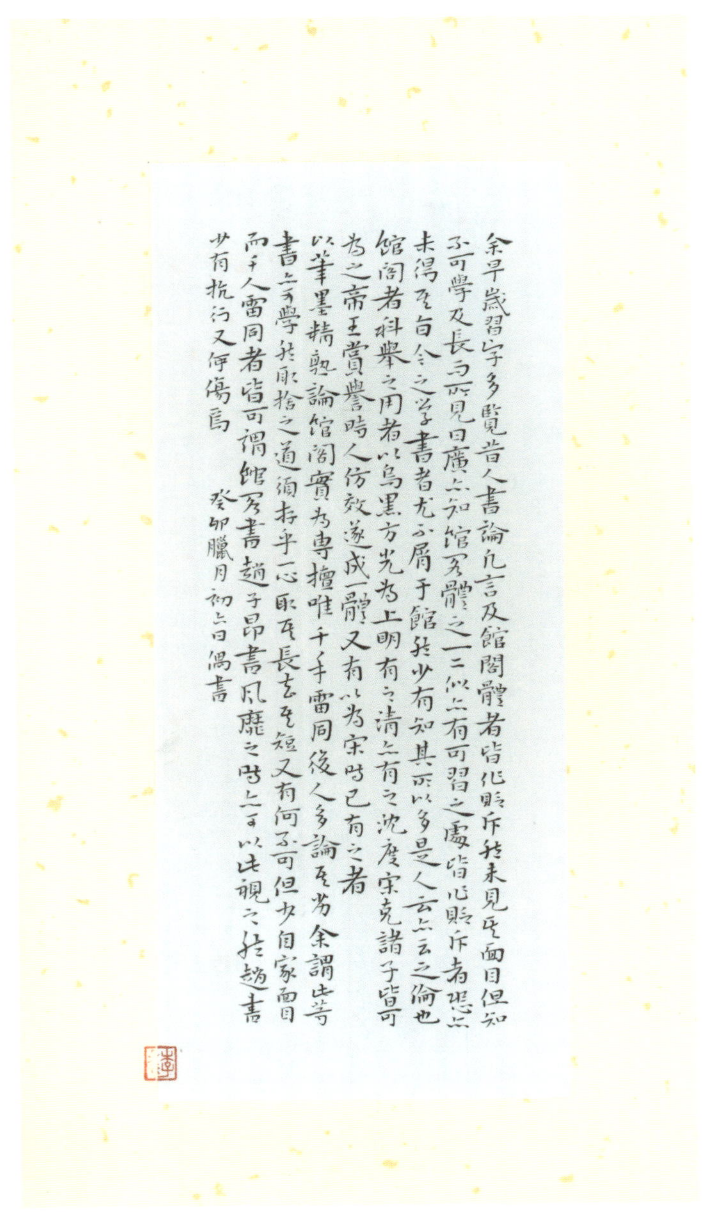

图 5-10：行距略大于字距空间布局（笔者示例）

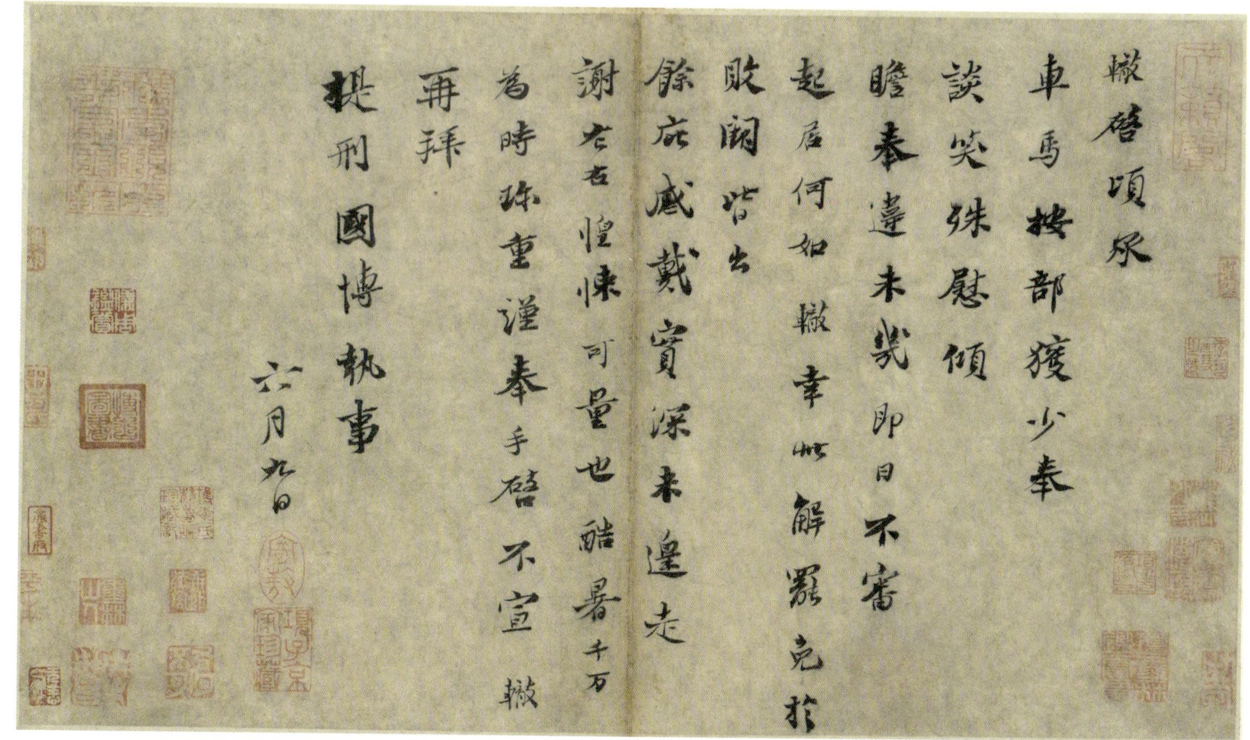

轍啓頃承
車馬按部獲少奉
談笑殊慰傾
瞻奉違未幾即日不審
起居何如轍幸[illegible]解羈免於
敗闕皆出
餘庥感戴實深未遑走
謝左右惶悚可量也酷暑千萬
為時珍重謹奉手啓不宣轍
再拜
提刑國博執事
六月九日

图 5-11:(宋)苏辙《致提刑国博执事帖》

图 5-12：无行无列空间布局（笔者示例）

与笔画相同，单字之间也会有或实或虚的连笔，不同书写者连笔线条的数量和具体形态会有差异。如图 5-13，单字之间连笔较多，线条特征明显，不仅是实连，而且加以强化，使连接处线条宽度普遍等于甚至大于字内笔画，倾斜角度也非常有规律，一眼看去，很是醒目。这样的连笔方式可以暂且称为“强化连笔”。强化连笔的程式化很强，所以一般不会在同一幅书法作品中出现太多，以避免显得笔法雷同。

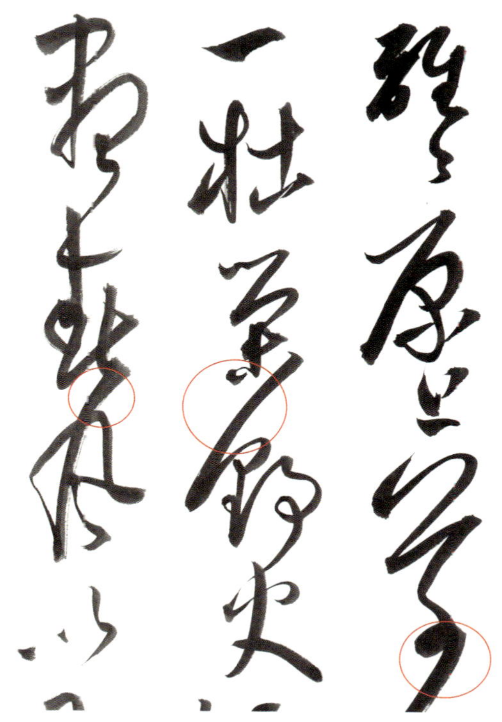

图 5-13：单字之间连笔（笔者示例）

单字连笔之后，组合成具有不同外轮廓的块状结构，再加上长短、宽窄、疏密、墨色浓淡的对比，就能形成强烈的个人特色，可以作为特征点进行考察。如图 5-14，以线条宽度和墨色饱满度为标准，对每个区域进行观察［对大草（狂草）书法作品来说，更多的要从整体角度观察线条特质和空间布局特点，不能简单套用楷书等书体的审美习惯］，可以发现，右侧一行从上到下线条整体由细到宽，墨色饱满度由低到高，整体视觉效果由轻到重，左侧的一行相反。这是书法作品中常见的技巧之一，通过各种元素的对比，提高作品趣味性。

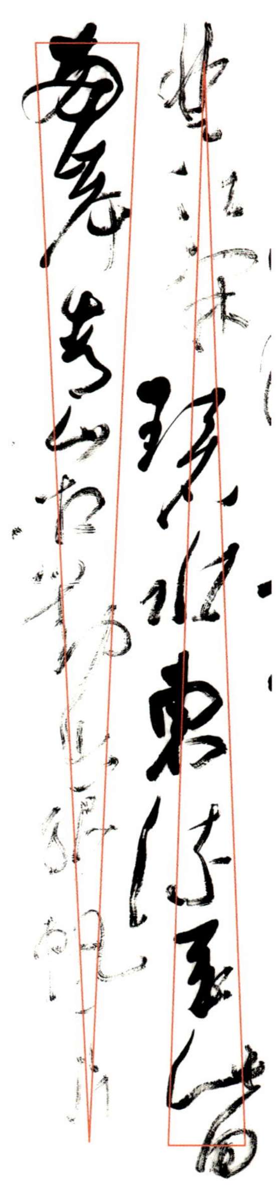

图 5–14：线条宽度和墨色饱满度对比（笔者示例）

2. 关于书法中的行气

行气是指在书写过程中，字与字之间形成的大小、距离、连带、穿插、摆动等关系，一般来说，单字之间的联系越紧密行气越强，反之则越弱。例如，字距越小，字与字之间的连带、穿插越多，则行气越强。以纵式书写为例，常见因素对行气的影响见表 5–2。

表 5–2：常见因素对行气的影响

单字大小	字距	单字之间连带数量	单字之间穿插数量	单字重心摆动
弱相关	反相关	正相关	正相关	反相关

表 5–2 中，单字之间穿插是指有些字的笔画会跨越自己的范围，进入其他字的空间，这在草书中较常见（如图 5–15 蓝色圆圈标注处），在楷书等书体中偶见。单字重心摆动是指单字重心偏离行气常规中心线而呈现左右摆动的状态，摆动幅度越大行气越不稳，但是视觉效果越强烈。如图 5–15，红框中的字重心东倒西歪，动感很强；选择其中两行画出其常规中心线，可以发现几乎每个字的重心都有或多或少的偏离，有的字大半个都在中心线之外。

书体不同，行气表达能力也有所不同。楷书、隶书、篆书等字字独立的书体，在行气的表达上较弱，行书强一些，草书最强。

行气受外在因素影响较多，前人的书法作品中，很多行气形式往往是在书写过程中不经意间形成的，具有一定随机性，但是当今书法界有不少人会刻意营造行气的变化，以取得形式上的效果。

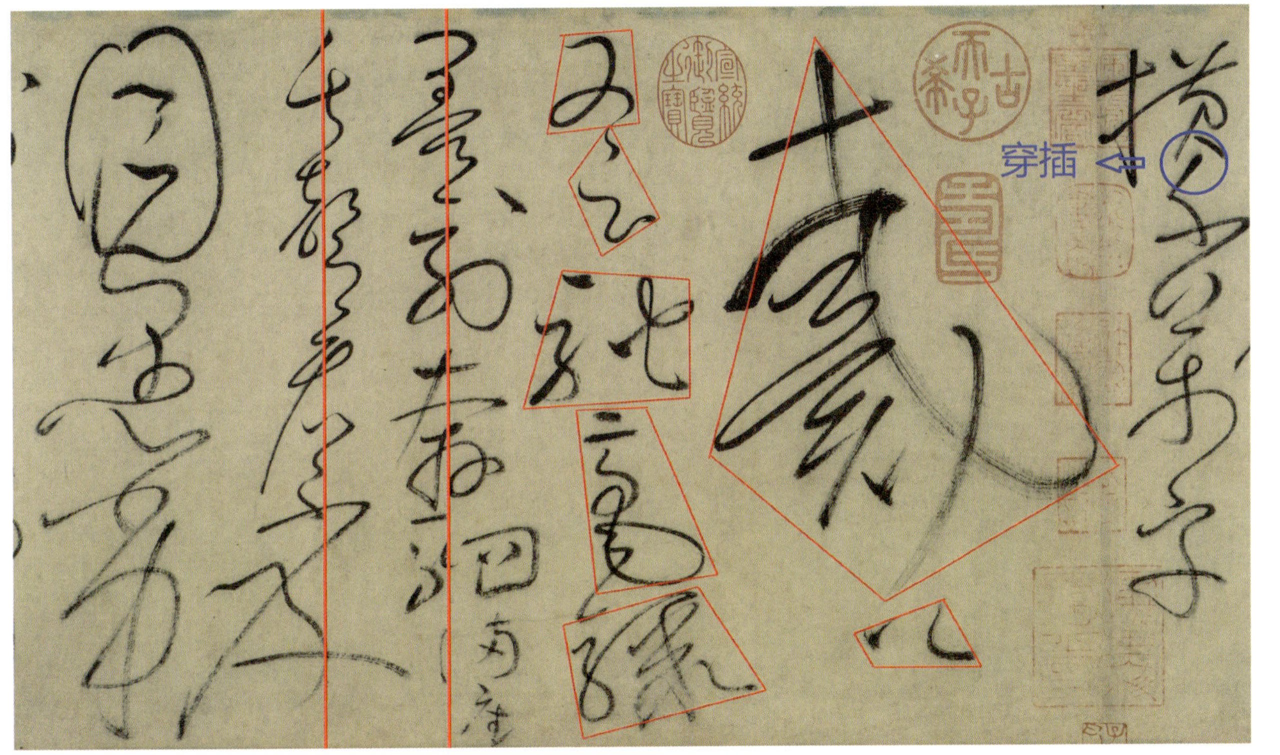

图 5-15:（唐）怀素《自叙帖》局部

三、墨法

墨法一般是指灵活使用各种性质的墨以呈现浓淡变化的方法。书法和绘画中都有“墨分五色”（“是故运墨而五色具，谓之得意”[①]）的说法，应当理解为墨可以呈现出多种浓淡效果，而不是真的可以呈现各种色彩。

墨法是毛笔书法特有的书写技巧，硬笔书法受工具所限，无法像毛笔书法一样追求丰富多彩的墨色变化。根据墨在纸上的表现形式，可以分为浓墨、淡墨、枯墨、涨墨几种，其中前两者是以墨的浓淡为标准，后两者是以墨量为标准。浓墨含水量较少，特点为黑、亮、厚。淡墨含水量较多，特点为灰、暗、薄。枯墨含水量较少，特点为发灰、不够明亮。涨墨是指过量的墨汁在纸上溢出笔画之外的现象，明代王铎很喜欢使用涨墨。

明清之前古人写字以浓墨为主，淡墨很少见。这大概是因为古人以写小字为主，用浓墨更有利于展现字的神采。图 5-16《脚气帖》是宋代蔡襄写的一封信，前三行墨色较淡，第一行首字还出现了洇晕，从第四行开始墨色变得浓了很多。这里出现的淡墨或许是个例，考察蔡襄其他书法作品，基本都是浓墨。合理的推测是：蔡襄蘸墨写字后发现墨较淡，坚持写了三行，觉得还是浓墨好，于是磨墨后又继续写。

---

① （唐）张彦远：《历代名画记》，人民美术出版社 1964 年版，第 26 页。

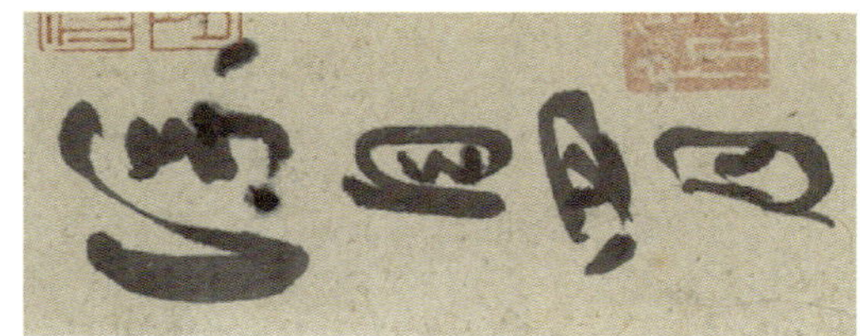

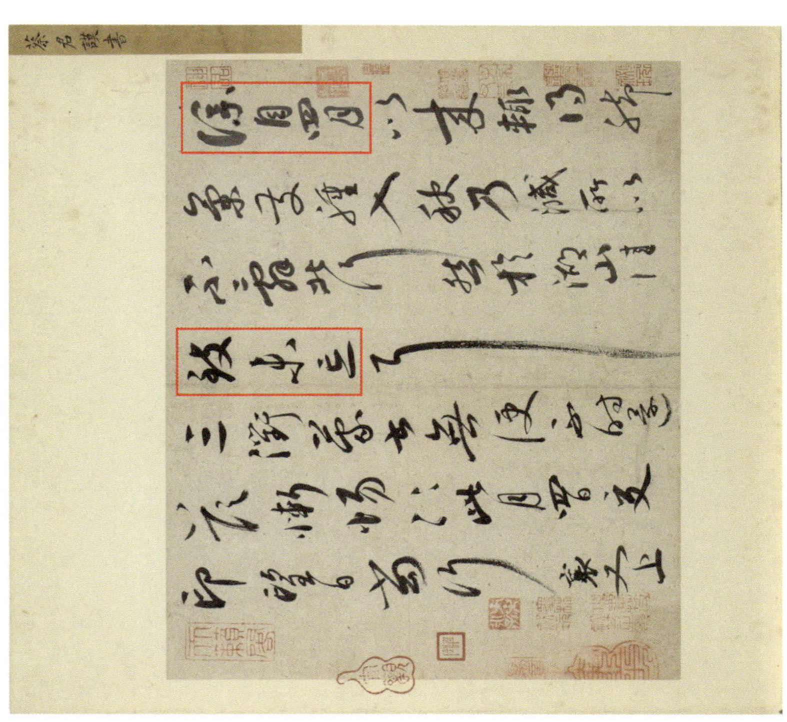

图 5-16：（宋）蔡襄《脚气帖》

明清之后出现了一些用淡墨的书法家，例如清代的王文治喜欢用淡墨，号称“淡墨探花”。

淡墨的效果和墨的层次纹理容易混淆。在吸墨性较差、表面较光滑的纸张上写字，无论是浓墨还是淡墨，都可能形成墨的层次纹理，如果再加上较快的书写速度，效果会更明显，如图 5–17 所示董其昌作品。关于董其昌用墨的浓淡问题，有些人认为董其昌“以淡古为宗”，所以其用墨应该以淡为主。从董其昌的传世作品来看，其用墨有浓有淡，并非全是淡墨，所以“以淡古为宗”的“淡”应该理解为风格上的散淡，而不只是墨的浓淡。有学者认为，董其昌用纸“以‘宣德纸’‘泥金纸’‘高丽镜面笺’居多”，而“这三种纸都是滑而不留墨，只有细而浓的墨才能显示润而淡的特点”，据此推测，“与其说是用墨营造‘萧淡简远’的艺术风格，倒不如说是依靠纸的性能”[①]。

浓淡和墨量的具体形式可以进行交叉组合，以产生不同效果，尤其是涨墨，通过控制墨量和书写速度，可以营造变化多端的效果，增加书法作品墨色层次感。有的书写者能在一幅作品中集中上述各种墨法，展现灵活的用墨技巧（如图 5–18）。

① 潘善助、杨嘉麟：《书法鉴赏》，上海人民美术出版社 2014 年版，第 110—112 页。

墨的层次感与淡墨的效果容易混淆

图 5–17：（明）董其昌《杂书册》局部

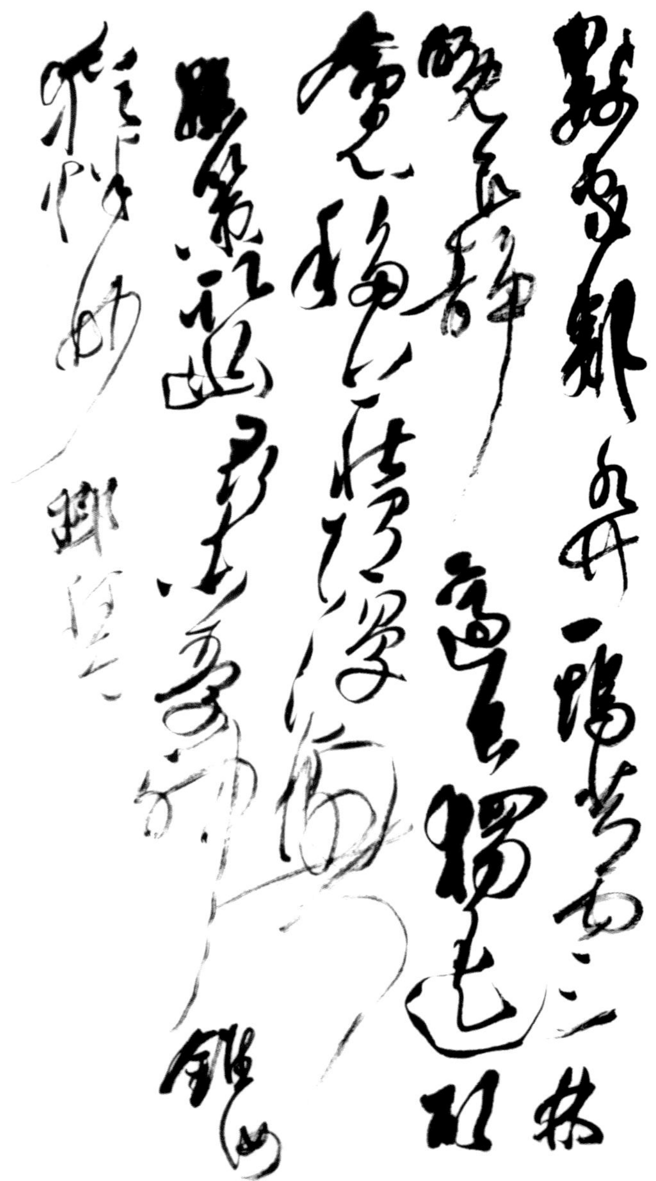

图 5–18：墨色变化（笔者示例）

四、其他要素

还有其他一些不属于笔迹司法鉴定范围但是对鉴定有帮助的要素，如书法作品所使用的材料、文献记录等。曾有人拿来落款为王文治的册页，作品纸张是 19 世纪中叶之后才出现的铜版纸，不用再看其笔迹情况也能直接断定属于伪作。再如，王羲之的生活年代早于苏轼，如果遇到声称是王羲之真迹的作品，内容是苏轼诗词，可以断定系伪作。上述要素有的需要通过其他鉴定方式予以解决，有的只起到辅助鉴定的间接推断作用，所以仅简单一提，不再详细论述。

五、关于书写人的文化修养

我们习惯把书法和文化修养关联起来。清代刘熙载提出的观点最为经典："书，如也。如其学，如其才，如其志。总之曰如其人而已。"① 就是我们常说的"书如其人"，其中"如"的第一项就是"学"。清代杨守敬在其著作中写道："又尝见临摹古人，动合规矩，而不能自名一家，则学力之疏也。而余又增以二要……一要学富，胸罗万有，书卷之气，自然溢于行间。古之大家，莫不备此，断未有胸无点墨而能超轶等伦者也。"② 认为文化修养是书法"超轶等伦"的必要条件。

清代周星莲认为，书法能反哺学问："若行草，任意挥洒，至痛快淋漓之候，又觉灵心焕发。下笔作诗，作文，自有头头是道，汩汩其

① 黄简：《历代书法论文选》，上海书画出版社 1979 年版，第 715 页。
② （清）杨守敬：《学书迩言：外二种》，浙江人民美术出版社 2019 年版，第 4 页。

来之势，故知书道，亦足以恢扩才情，酝酿学问也。”①

2008年，笔者向山东大学书法艺术研究中心原主任徐超老师请教，徐老师耐心传授，认为学书法应当做到“以学养书”，并以启功和蒋维崧先生的学书经历进行阐释。此后，笔者常思考“学”与“书”的关系，略有心得体会。

要想弄明白“学”与“书”的关系，首先要研究“学”的含义。学，既是学习知识的动作，也是学习活动本身以及学习的对象，同时具有动词和名词的属性。这个概念过于广泛，学的内容太多，未必每一种都对书法有积极作用，所以，在以学养书的视野下，可以对“学”作缩小解释，界定为“对书法水平有促进作用的学习活动和知识体系的总称”较为适宜。这一概念既包括书法的技巧学习，也包括技巧之外的其他门类的学习，概念依然广泛，可称之为广义上的“学”。但是，我们在讨论以学养书、批判纯技巧论的时候，其实已经暗含区分学和纯技巧的意图，此时的“学”可以界定为“技巧之外的书法学习活动和知识体系”，这是狭义范畴的“学”。

如果采用广义概念，以学养书论可以完整包含技巧论的学习内容，这将一定程度上消解以学养书论和纯技巧论之间的矛盾，弱化进一步区分探讨的价值。所以，在狭义概念基础上进行讨论更有价值。

按照和技巧的关联度，可以把学分为直接的学和间接的学。直接的学可以直接转化为创作技巧的一部分，如背诵一首唐诗。间接的学则需要中介转化才能变为创作技巧，如学习古诗词写作，这也是学，

① 黄简：《历代书法论文选》，上海书画出版社1979年版，第730页。

之后还需要进行诗词创作，才能转化为创作技巧的一部分。

值得一提的是，如果采用当今普遍存在的抄录式创作，学的要求会变得很低，甚至不需要掌握字词含义，也不需要知道繁简区别，找一本繁体竖排版的书照抄就行。

从学问到书法之间，有个四段式结构。首先，学问影响审美价值取向的养成，继而影响书法学习的类型取舍，然后才是体现在作品中的不同审美取向和面貌。因此，学问转化为成品书法的路径是：学问——审美取向养成——书法学习取舍——作品。

学对书法至关重要。我们在讨论以学养书的时候，往往一味强调学的神秘作用和强大力量，省略了中间步骤，让以学养书显得神秘莫测、无从捉摸，也让部分人误以为这个说法不可靠。这和过分依赖主观感受的艺术审美方式有关，传统文人通过丰富的修辞方式把个人审美感受表达得淋漓尽致，但是对具体速写技巧着墨不多，让后来者很难找到学习门径。

“论画以形似，见与儿童邻”[①] “学我者生，似我者死”[②] 等经典论述，也让很多位于书法顶端或者希望位于书坛顶端的人们刻意弱化了对技巧的关注，转而强调更抽象也更无法量化分析的人品和学问，造成圈内外理解上的隔阂，进而强化书法在圈外人眼中的神秘感和高端感。这和“刑不可知，则威不可测”的做法何其相似！

学的确能养书，可是有局限。因为学对书法的作用是间接的，而

---

① （清）王文诰辑注：《苏轼诗集》，中华书局 1982 年版，第 1525 页。

② 黄简：《历代书法论文选》，上海书画出版社 1979 年版，第 730 页。

间接作用一般小于直接作用，即便是具有长远意义上的影响，比如大学问家更有可能具备广阔的眼界和敏锐的洞察力，更可能站在历史高度把握书法潮流等，但总要经过转化才能体现在书法作品中。书法的独特性，决定了必须在技巧上下大工夫，学问再好，也得苦练。

书法作品可以分解为各种要素，形成这些要素的直接方法就是书法技巧。在书法作品客观形态可以无限分解、技巧可以无限精致的理想状态下，对传世名作的复制完全可以达到以假乱真的程度，而复制者可能并不需要具备原作者的学问深度和厚度。我们也认为，富有内涵和个性的创新式书法创作必须要有眼界、学问支撑，但如果只是进行简单的模仿和复制，可以一定程度上离开学问。

在重义轻利的时代，如果书法人道德有亏，则其书法作品很容易遭到彻底否定；在提倡“游于艺”的时代，同样会有人以学问替代技巧，在传统语境中，“技”往往是较低层次的内容，和学问相比处于弱势地位。当代书法教育在早些年开始强调技术重要性，认为书法创作可以“不甚依赖诗文内容而是注重艺术表现”“与其取与写字、学问有关的诗书兼长的一类，毋宁取书画兼长的一类”[①]；激进的认为文学修养只需要满足不写错别字即可，更激进的甚至提倡解构汉字，进行纯抽象书法创作。

过分强调技巧的后遗症现在逐渐显现。技巧纯熟，虽然可以创作出形式上的好作品，但是因为缺少内容原创性，格调先天不足，放在书法史角度来看，要比那些耀眼的传世名作逊色得多。在现在最高级

① 陈振濂：《大学书法创作教程》，中国美术学院出版社1998年版，第10页。

别的展赛和最顶尖书法专业人士的作品中，错字、别字很常见，这也是过于关注技巧而忽略文化修养的后果。在这样的背景下，强调以学养书，就显得特别有意义，学（文化修养）与书（技巧训练）作用同等重要，不可偏废。

第六章　笔迹司法鉴定术语的书法阐释

《笔迹规范》专门对常用术语进行了界定，并详细规定了鉴定意见的表述方式。专业鉴定人员应当充分熟悉这些内容，准确灵活运用，做到“鉴言鉴语”，不说外行话。对内涵较清晰且与书法中的概念并无冲突的术语，以及已经在其他章节结合相关内容进行说明的术语，本章不再赘述，仅对部分术语从书法的角度进行阐释。

一、言语习惯

根据《笔迹规范》3.5 的规定，言语习惯（speech habit）是指书面语或口头语中，通过特殊的用字、用词、用语等综合反映出的言语人独特的运用语言的特点。

《笔迹规范》4.1 中的说明部分规定：在某些情况下，运用笔迹表达思想和传通信息，可在不同程度上反映出书写人的书面言语习惯，书面言语习惯虽然从本质上讲不属于反映书写运动习惯的笔迹特征，但在笔迹同一性鉴定中，有时可作为重要的参考依据。

我国不同时代言语习惯都有或多或少的差异，鉴定人员不可能做到全面深入研究，只能有重点地了解。元代之前的书法作品在鉴定中极为少见，明清之后的作品常见一些，近现代以来的作品更多，所以明清之后书法作品的言语习惯可以作为重点了解对象。

书法作品正文内容大多是他人或自作诗文，以古体为主。正文前后大多有落款，一般是书写者自行组织的言语。言语习惯受时代背景和个人经历影响，各有不同，自作诗文和落款的遣词用句带有时代和个人特色，可以加以区分。明清之前自作诗文很普遍，一般能做到文理通顺、词句清雅，高质量的书法和自作诗文结合起来，相映生辉，使得作品更有艺术价值（如图 6-1）。

民国之后流行半文半白的风格，这种风格直至今天仍有沿用。

当代自作诗文的书法作品很少见，主要是因为书写者传统文学功底不足，即使落款也只能照抄白话文出版物或者网络搜索到的内容，因此现在可以见到大量正文是古体诗文、落款是白话文的作品，大概是属于这个时代的特色了。书法界也意识到了这个问题，近年来各类书法比赛在征稿启事中常常加入“提倡自撰”[①] 的说明以鼓励书写者自作诗文。

二、书写工具和书写载体

根据《笔迹规范》3.7 的规定，书写工具（writing tool）是书写活动中形成笔迹的造型体的总称。同时注明：书写工具包括钢笔、圆珠笔、墨水笔、毛笔等传统书写工具，也包括计算机输入设备中专用的电子书写笔等。

根据《笔迹规范》3.8 的规定，书写载体（writing carrier）是指书写活动中通过书写工具在其上形成有色或无色书写符号系统的各种物体的总称。同时注明，书写载体包括书写纸、打印纸等各种纸张，以及计算机输入设备中专用的电子写字板或书写屏等。

---

① 参见中国书法家协会《第八届中国书法兰亭奖征稿启事》。

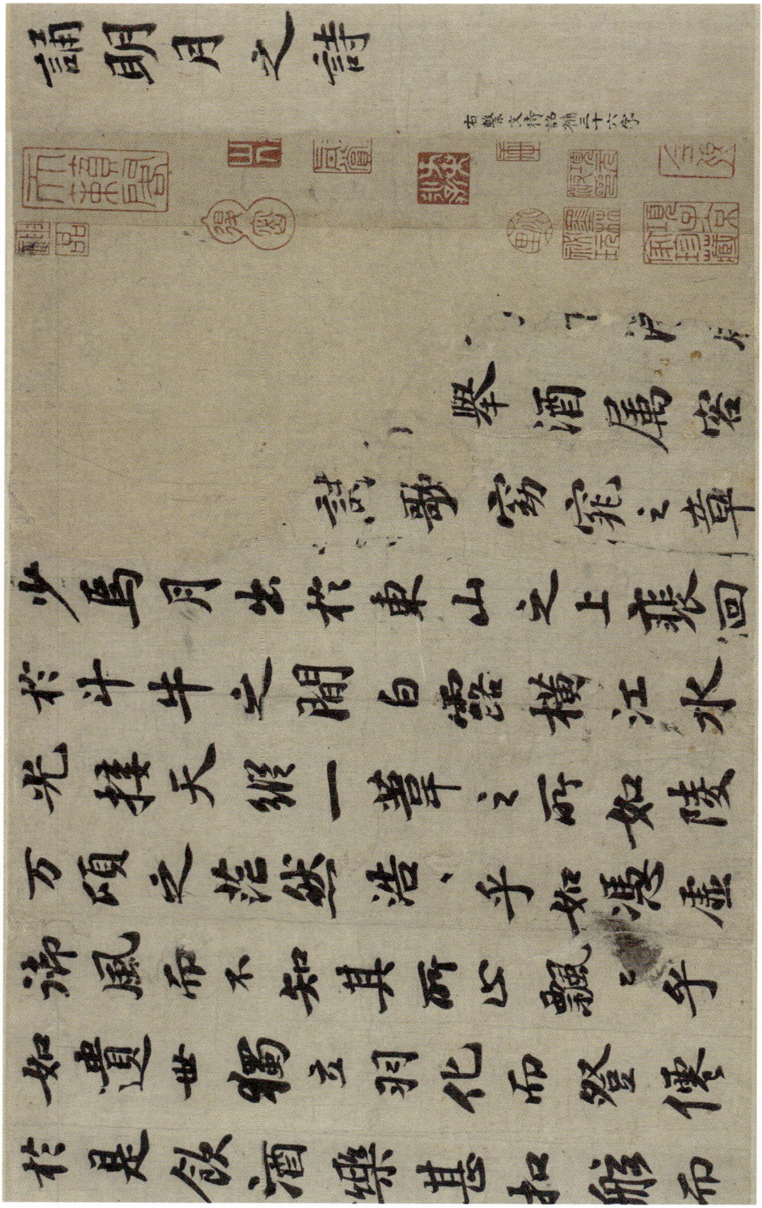

图 6–1：（宋）苏轼《前赤壁赋帖》局部

上述两条规定明确了曾经很有争议的两点内容：一是明确把“毛笔等传统书写工具”纳入笔迹司法鉴定研究范围，终结了书法是否可以进行笔迹司法鉴定的争论；二是把“计算机输入设备中专用的电子书写笔”“计算机输入设备中专用的电子写字板或书写屏”纳入笔迹司法鉴定研究范围。

2023 年 10 月 7 日，国家司法部公布的《手写电子签名笔迹鉴定技术规范》充分考虑了电子签名笔迹的特殊性，让相关工作有规可依。更重要的是，该技术规范是国家从行业规定的层面赋予了电子签名笔迹与普通签名笔迹同等地位。对于签名之外电子笔迹的鉴定，还没有行业规范以上的文件单独作出系统界定，根据上述两条规定，电子笔迹应当获得可以进行笔迹鉴定的地位。

电子笔迹鉴定是适应时代发展的产物。目前，书法界尚未形成规模化、系统化的数字书法创作，但是在数字美术界已经产生了大量高质量作品，得到了社会广泛认可。2021 年 3 月 11 日，由艺术家毕普尔（Beeple）创作的数字艺术品《每一天：前 5000 天》（Everydays: The First 5000 Days）[①] 拍卖成功，成交价 6934.625 万美元，创造了数字艺术品的拍卖纪录，国内也出现了不少拍卖成功的案例。相信书法界会逐渐探索数字形式的创作，对相关笔迹鉴定的研究保持一定程度前瞻性就显得尤为必要。

---

① 参见 https://onlineonly.christies.com.cn/s/beeple-first-5000-days/beeple-b-1981-1/112924。

三、书写水平

根据《笔迹规范》3.11 的规定，书写水平（writing level）是指通过笔迹反映出的书写人书写技巧的高低程度。

鉴定实践中，并无明确的书写水平等级划分，对书写水平的判断较为依赖工作经验。书法界已有书法水平分级制度，可以在鉴定中适当借鉴。例如，教育部教育考试院制定的《（书画等级考试）毛笔书法考试大纲》（2023 版）的考试级别设置为初级（1—3 级）、中级（4—6 级）、高级（7—9 级）。

书写水平与日常所说的书法水平也有不同。书法水平既包括书法技能（技巧）水平，也包括文化修养、个人风格等方面的水平，是书法家素能的综合。例如，按照上述考试大纲，需要分别考核书写者的书法知识、技能、审美，再做出综合评价。单独摘出其中书法技能水平的话，与书写水平概念近似。

需要注意的是，上述考试大纲界定级别的标准并不完全清晰。例如，大纲把技能考核详分为“临摹”“创作”两个项目，并描述了各个级别应当具备的特征，以 9 级为例（见表 6–1[①]），临摹的笔法需要“富于神采”，创作的笔法需要“表现力强”；临摹的结构需要“形神兼备”，创作的结构需要“有个性表现”，等等。何谓“神采”“表现力”“形神”“有个性表现”？需要“富于”“强”到什么程度？什么样才算是“兼备”？深究之下，可以发现这些用语都是较为主观的，无法进行量化分析，只能依赖于评委公平公正的“自由裁量”。

① 教育部教育考试院：《（书画等级考试）毛笔书法考试大纲》（2023 版），第 9 页。

表 6-1：毛笔书法考试内容与标准（9 级）

<table>
<tr><th colspan="2" rowspan="2">级别</th><th rowspan="2">试卷规格</th><th rowspan="2">时间</th><th rowspan="2">考核内容</th><th colspan="7">考核标准</th><th rowspan="2">备注</th></tr>
<tr><th>项目</th><th>临摹</th><th>权重（%）</th><th>创作</th><th>权重（%）</th><th colspan="2">书法知识与理论</th></tr>
<tr><td rowspan="5">高级</td><td rowspan="5">九级</td><td rowspan="5">四尺对裁竖用（138cm×34cm）</td><td rowspan="5">180 分钟</td><td rowspan="5">要求：
①临摹 2 件（指定 1 件，自选 1 件）
字体：楷书、隶书、行书
内容：指定范本

②创作 2 件（自选 1 件，命题 1 件）
字体：不同字体
字数：自选 28 字以上

③文化考核：书法知识与理论</td><td>笔法</td><td>深入理解并掌握范本用笔的规律，点画精到，富于神采</td><td>30</td><td>灵活运用传统经典的笔法规则，表现力强</td><td>30</td><td>文字学</td><td>了解汉字形体演变与构形的基本知识；掌握不同字体的基本识别与书写（识繁写繁、识篆写篆、识草写草）</td><td rowspan="5"></td></tr>
<tr><td>结构</td><td>深入理解并掌握范本结体取势的规律，形神兼备</td><td>35</td><td>灵活运用传统经典的结构规律并有个性表现</td><td>30</td><td>书法史</td><td>了解不同时期的代表书家及作品特征，熟悉书法史上书风演变的线索及背景</td></tr>
<tr><td rowspan="2">章法</td><td rowspan="2">深入理解并掌握范本章法的规律，章法完善</td><td rowspan="2">35</td><td rowspan="2">较好表现作品整体风格取向并体现作者的创新能力</td><td rowspan="2">40</td><td>书论</td><td>了解古代书论中若干重要著作的主要内容；能对其著名观点理论进行简单赏析、理解与解读</td></tr>
<tr><td>欣赏</td><td>从用笔、结构、章法风格审美等方面赏析对作品及其作者在书法史上的地位与价值有一定的认识</td></tr>
<tr><td>权重（%）</td><td colspan="2">30</td><td colspan="2">50</td><td colspan="2">20</td></tr>
</table>

书法水平识别能力具有单向性。书法人士能够准确识别低于其级别的书法水平，对高于其级别的，只能模糊判断，很难具体区分。级别相差超过两级的，则低级别的书法人士可能完全体会不出高级别的作品好在哪。

四、书写控制能力

根据《笔迹规范》3.14 的规定，书写控制能力（writing control ability）是指书写人通过书写运动器官控制书写工具进行书写运动的能力。

书法中类似的概念是“控笔能力”，是指控制毛笔写出所需线条形态的能力。实践中，对控笔能力常误解为书写细微笔画或者匀净笔画的能力，认为“写微书”“手画棋盘”之类的技巧才能体现神乎其神的控笔能力。

事实上，这些只是控笔能力的一部分而已，而且也没必要把笔画写得太细小、太匀净。前人日常书写的字径约为 0.5—1 厘米，批注等小字约为 0.2—0.5 厘米（如图 6-2），更小的字已经完全超出正常书写范围。据笔者与多名善于写小楷的书法家交流，均认为字径小于 0.5 厘米时，控笔难度大幅上升，已经很难照顾笔画细节，作品艺术性也会下降。笔者自行实践的感觉也是如此（如图 6-3）。此外，从前人的传世作品来看，特别小的字只能算是偶尔为之的游戏之作，鲜有艺术性较高者。

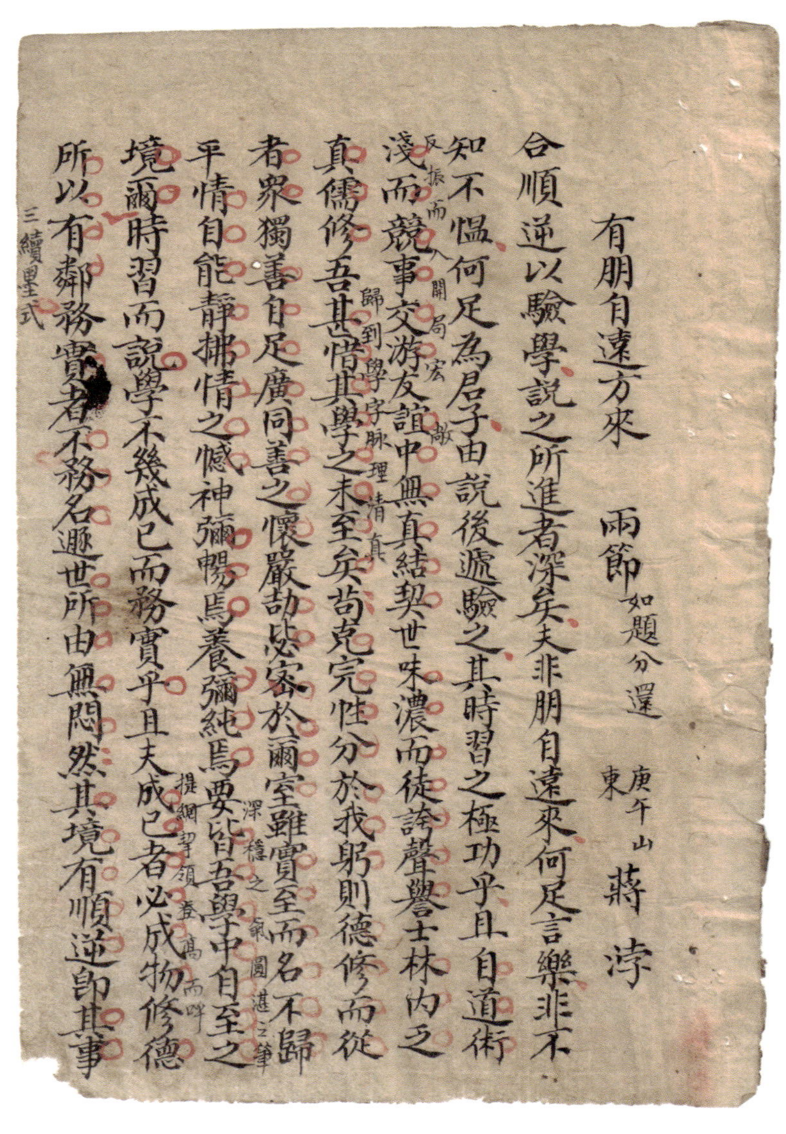

有朋自遠方來　兩節　如題分還

庚午山東　蔣渟

合順逆以驗學說之所進者深矣夫非朋自遠來何足言樂非不
知不慍何足為君子由說後遞驗之其時習之極功乎且自道術
淺而競事交游友誼中無真結契世味濃而徒誇聲譽士林內之
真儒修吾甚惜其學之未至矣苟克完性分於我躬則德修而從
者衆獨善自足廣同善之懷嚴劼毖密於爾室雖實至而名不歸
平情自能靜拂情之憾神彌暢焉養彌純焉要皆吾學中自至之
境爾時習而說學不幾成己而務實乎且夫成己者必成物修德
所以有鄰務實者不務名遯世所由無悶然其境有順逆即其事

反振而入開局宏敞
歸到學字脈理清真
深穩之氣圓湛之筆
提綱挈領壹篙而[illegible]
三續墨式

图 6-2：（清）无名氏八股文抄本散页，私人藏品

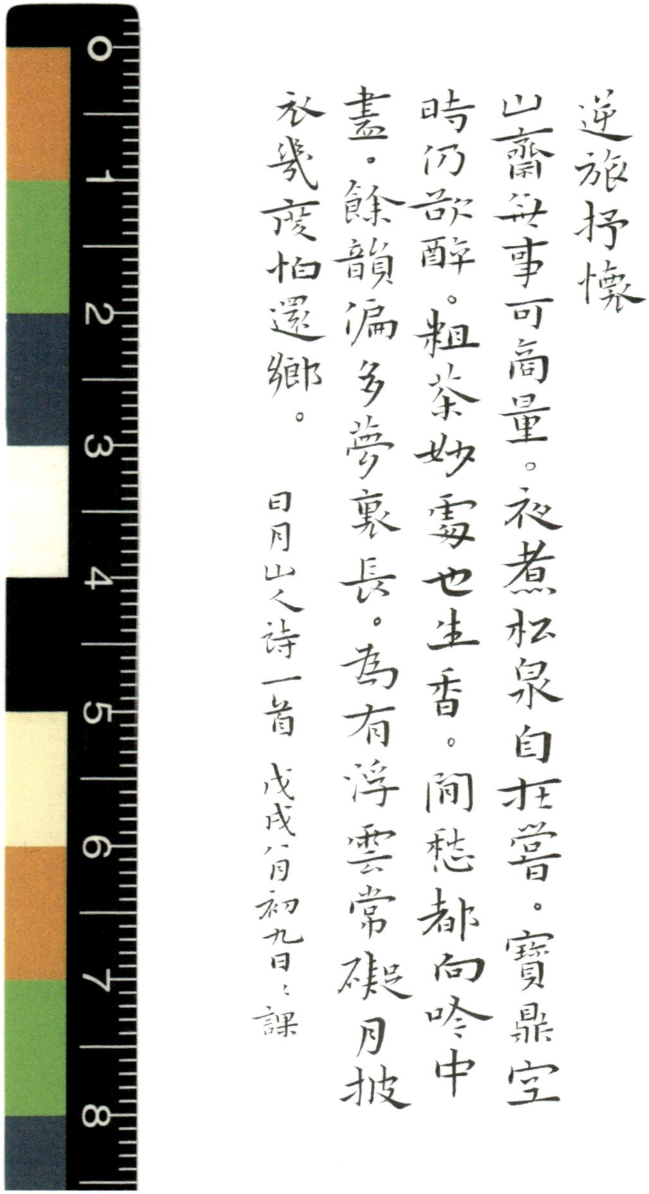

逆旅抒懷

山齋無事可商量。夜煮松泉自在嘗。寶鼎空時仍欲醉。粗茶妙處也生香。閒愁都向吟中盡。餘韻偏多夢裏長。為有浮雲常礙月披衣幾度怕還鄉。

日月山人詩一首 戊戌八月初九日課

图 6-3：毛笔小字（笔者示例）

五、摹本

根据《笔迹规范》3.29 的规定，摹本（handwriting model）是指摹仿笔迹中仿照的被摹仿人的笔迹样本。

书法中也有摹本的概念，是指模仿他人笔迹样本形成的书法作品，与上述规定完全不同。如果把规定中的“摹本”称为原本，则书法中的“摹本”是根据原本摹仿而成的复制品。《辞源》对摹本的解释为：“临写、影写或石刻的翻刻本。”[①] 并举例：“宋范成大石湖集二一观禊帖有感三绝诗之二：‘宝章蘊九泉，摹本范百世。’”解释及举例也是指复制品。

六、记忆仿写笔迹

根据《笔迹规范》3.32 的规定，记忆仿写笔迹（handwriting imitating from memory）是指书写人先对被摹仿人的笔迹摹本进行比较分析，经过适当的练习仿写后，脱离摹本凭记忆仿写形成的非正常笔迹。书法中与该规定类似的概念是“背临”，即“在对临的基础上，通过自己的理解和记忆，临写出形神兼备的字”[②]。

需要补充说明的是：历代书法理论在书法概念上附加了大量美学、哲学内容，导致书法术语普遍较为文学化、艺术化，其语义并非固定、明确，如传统鉴定人员经常使用的“气息”“气韵”“格调”“柔美”“雄

---

① 广东、广西、湖南、河南辞源修订组、商务印书馆编辑部：《辞源（修订本纪念版）》，商务印书馆 2009 年版，第 1430 页。

② 崔树强主编：《意在笔先：书法创作技法》，江西美术出版社 2017 年版，第 33 页。

强”等。而笔迹司法鉴定全过程都要贯彻客观原则，鉴定意见书的撰写也必须用语客观、明确，避免带入主观感受，也避免产生歧义。因此，在实践中要特别留心艺术欣赏和笔迹司法鉴定的区别。

第七章　书法笔迹鉴定的特点

根据《笔迹规范》3.16 的规定，笔迹（handwriting）是指书写人运用书写工具、按一定的书写规范，通过书写活动在书写载体上形成的文字、符号、图形、图案、绘画等书写符号系统。书法无疑是完全符合上述定义的，从本质上来说，书法笔迹和一般笔迹都是笔迹。毛笔笔迹与书法是包含与被包含的关系，即毛笔笔迹中具有书法艺术特点的是书法，书法属于毛笔笔迹。

但是书法作为中国国粹之一，必然具有某些独特的性质，使其区别于一般笔迹，也使书法笔迹司法鉴定更具难度。

一、书写习惯的可变性

虽然在特定时间段内，书法专业人士的笔迹特征总体较为固定，但是他们一般都掌握了极为丰富的书写技巧，在投入较长时间的练习之后，足以形成某些截然不同的书写习惯，可能导致其总体书写风貌面目全非。例如，元代赵孟頫早年用行书写了《杜甫秋兴八首》（上海博物馆藏），四十年后，他又在后面写了一段跋语，把正文和跋语对比来看，笔迹特征的确差异很大，连赵孟頫自己也说："今人观之，未必以为吾书也。"[①] 这还是书写者顺其自然发展风格的结果，如果是刻

① 任道斌：《赵孟頫书画全集》，浙江摄影出版社 2017 年版，第 15 页。

意练习，书写习惯改变的效果会更加明显。

二、书写习惯的承继性

关于书法对传统营养继承和创新的讨论有很多，通说认为书法创新必须在充分继承传统的基础上进行，这也是从古至今书法创作具有绝对优势的主流。孙过庭认为书法创作“贵能古不乖时，今不同弊”[①]，是继承与创新的理想状态。实践中，往往会出现极端情形，或者过于注重创新乃至脱离汉字系统，变成抽象符号式作品，或者过于注重继承不敢越雷池一步，完全是他人的翻版。简单的继承总是最省力，所以从古至今都有大批墨守成规者。例如，宋代吴琚（如图 7–1）专心学习米芾（如图 7–2）书法，“自米南宫外，一步不窥”[②]，几乎是米芾的翻版，继承远大于创新。到了明清，创新被压至低谷，发展出了“千人一面”的馆阁体[③]（如图 7–3）。在样本不足的情况下，想确定这类作品的书写者，就要比普通作品更难。

三、检材和样本的局限性

根据《笔迹规范》5.2.1 的规定，进行检材字迹检验时，首先要审核其状态；根据 5.3.1 的规定，进行样本字迹检验时，首先要审核其来源和状态，以确定是否具备检验条件。上述规定决定了有相当一部分书法作品将被排除在笔迹鉴定的范围之外，主要有两大类：

---

① 黄简：《历代书法论文选》，上海书画出版社 1979 年版，第 124 页。

② （明）董其昌：《画禅室随笔》（卷一），哈佛大学图书馆藏乾隆三十三年本，第 55 页。

③ 馆阁体并非明清独有，但是在此时发展到顶峰。

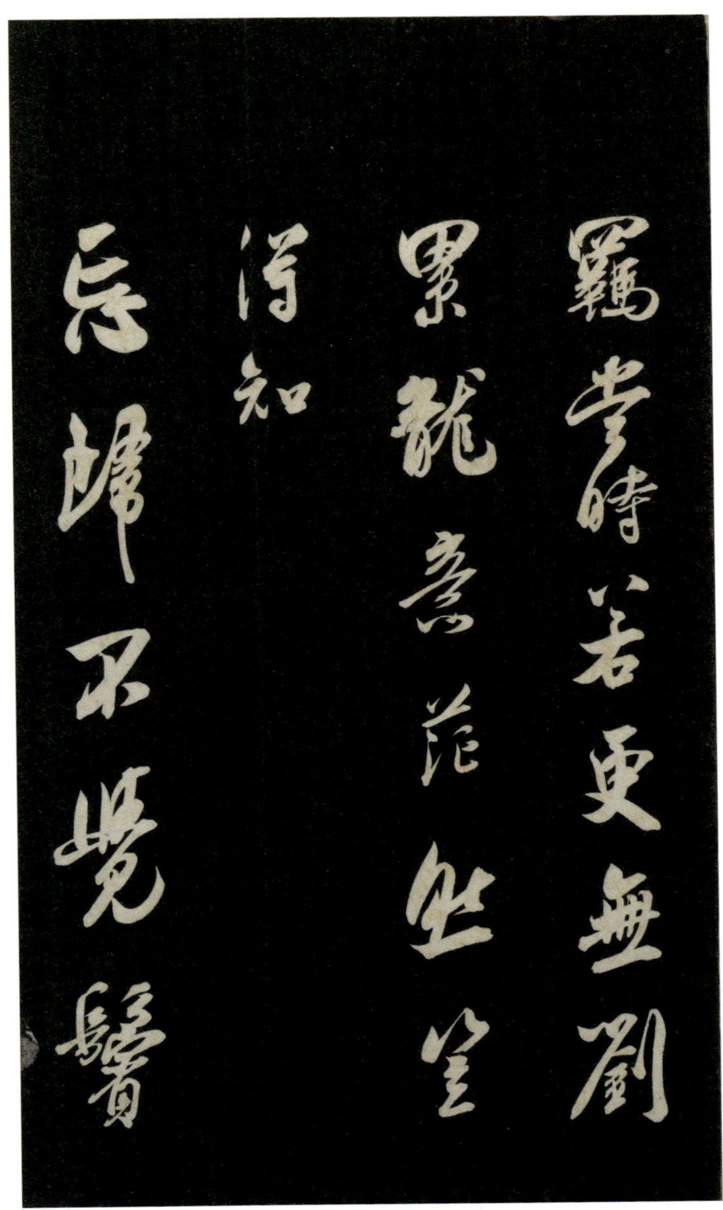

图 7–1：（宋）吴琚《绝句诗帖》局部（《三希堂法帖》拓本）

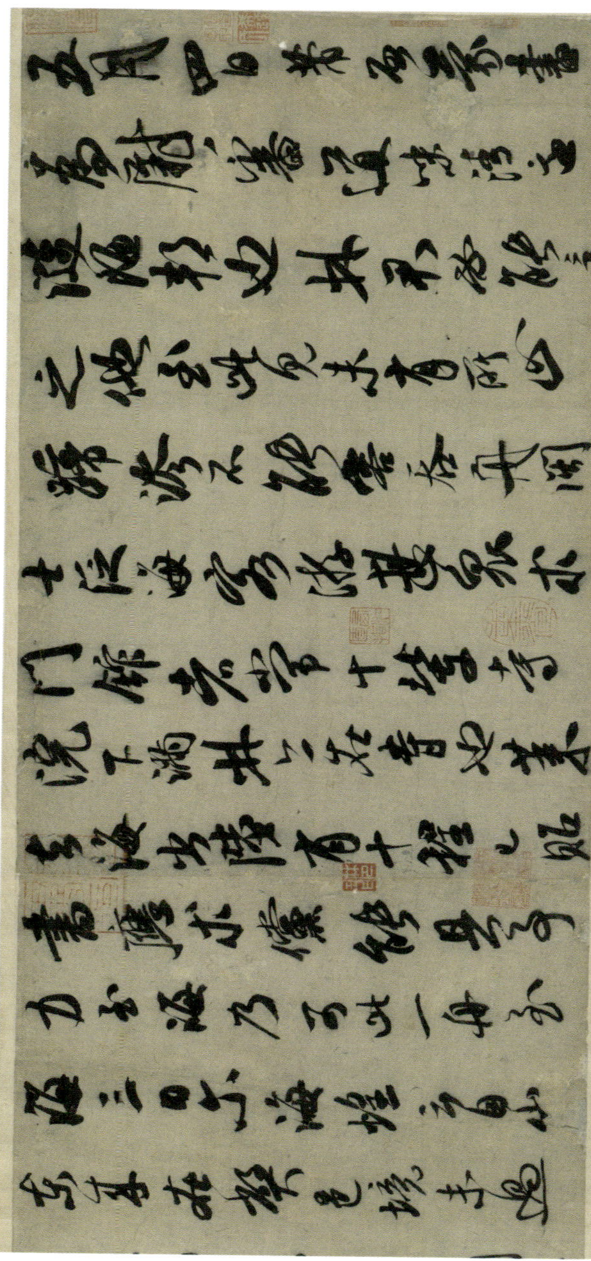

图 7-2;（宋）米芾《德忱帖》局部

图 7-3：馆阁体形式（笔者示例）

一是状态不佳的书法作品。主要是指因受到污损导致作品字迹模糊或者严重残损，无法反映字迹的客观情况，应当认定为不具备比对条件。笔者曾在从事书画修复的专家处见过清代王文治的书法作品，因为保存不当，几乎全部破碎成小纸片，且墨色黯淡，笔画模糊，拼接后仍有大面积残缺，只能人工补笔，这样的作品基本不具备鉴定条件。

二是样本不足的书法作品。自古至今各个群体创作的书法作品浩如烟海，但是历朝历代书画保存技术不一，各种人为或非人为损坏时有发生，流传下来的作品有限，具体到某个书写者，其数量更少。即便是“书圣”王羲之，其传世作品也都是临摹或者拓制，毫无争议的墨迹本真迹目前一件也没有，更不用说其他人了。陕西省汉中市博物馆的石刻“衮雪”，据传是曹操手书，然而并没有可信的曹操书法真迹作为比对样本，也就无从进行笔迹鉴定了。

综上，书法属于笔迹的特殊种类，在检材和样本都具备鉴定条件的前提下，对其进行笔迹鉴定是完全可行的。但是其复杂程度要超过一般笔迹鉴定，尤其某些细节既可能是书写习惯形成的，也可能是书写工具形成的，较难区分。鉴于此，建议鉴定人员适当学习书法技能，进行跨学科对比研究，这将有利于降低鉴定难度。

第八章　书法笔迹特征分类

一、笔迹特征种类

根据《笔迹规范》4.1 的规定，笔迹特征可分为书写风貌、布局、写法、形体、结构、笔顺、运笔、笔痕八类，根据笔迹特征价值又可分为一般特征和细节特征。笔迹一般特征包括：书写风貌、布局、写法、形体及结构特征中单字的整体结构等；笔迹细节特征包括：笔顺、运笔、笔痕和结构特征中单字局部结构及单字笔画之间的搭配比例关系等。上述八类笔迹特征的排列基本是从宏观到微观，部分类别是宏观、微观的结合。

上述规定的分类方式和具体类别名称与书法惯用术语有同有异。需要注意的是，书法惯用术语的内涵有很多并不清晰，有的暗含了美学或者哲学的价值观，或者直接带有某种主观评价的意味，甚至连“书法”的概念界定都有相当大的争议[①]，并不符合鉴定用语必须客观的要求。在后续分析中，将对《笔迹规范》的规定与书法传统知识体系作适当区别说明，这是为了更好地理解两者的异同，在鉴定全过程还是应

① 参见辛尘：《书法概念的不确定性（一）》，载《艺术品》2017 年第 4 期；辛尘：《书法概念的不确定性（二）》，载《艺术品》2017 年第 5 期。

当严格使用鉴定术语，避免因概念范畴不同导致鉴定意见的表述有分歧。

二、书写风貌

根据《笔迹规范》4.2 的规定，书写风貌是指通过整篇字迹的谋篇布局、字的大小形态和排列组合等结构特点、书写速度和书写力度的变化体现出的笔画质量等因素，综合反映出书写人的书写水平、书写控制能力的概貌特点。

据此可以知道：（1）书写风貌是从宏观角度就字迹整篇而言的，能够综合反映出书写人的书写水平和书写控制能力；《笔迹规范》4.4—4.9 是就中观或者微观而言的，从某一具体方面体现书写人的书写习惯；（2）区分不同书写风貌的主要因素有：a. 结构特点：谋篇布局、字的大小形态和排列组合；b. 笔画质量：受书写速度和书写力度变化的影响。

书法中有“书风”的概念，与此类似，但是并不相同。根据使用场景不同，“书风”至少有如下几种含义：（1）指具体某篇字迹的风貌；（2）指某个书法家的书法风格，例如启功书风；（3）指某几个书法家或者某个群体的整体风格，例如“二王书风”是对王羲之、王献之二人书法风格的统称，也指学习“二王”风格书法群体的整体书法特点；当代经常提到的“流行书风”是指为适应比赛、展览而形成的书法风格等；（4）指某种审美风格，例如流美书风、古拙书风等。

对于某些待检书法笔迹来说，是可以通过书写风貌直接判断是否具有同一性的，鉴定中常说的“一眼假”就是这个意思。对于作伪水平较高的书法作品来说，书写风貌与真迹很相近，不能通过书写风貌直接得出鉴定意见。利用复印之类现代技术复制的作品，书写风貌可以做到基本一致。例如，日本二玄社擅长古书画的复制，纸张、墨色、装裱全方位模仿，连原作污损也一一照搬，仅从书写风貌来说，和原作并无区别，但是可以通过放大查看印刷网点等方式进行鉴别。

三、布局

根据《笔迹规范》4.3 的规定，布局是指通篇字迹谋篇布局的特点或局部字迹的排列组合关系，基本等同于大空间（章法）的概念。具体表现在段、行、字、符号之间及其相互之间的空间分布特点。该规定列举的具体例子如下：

（1）轴线和基线方向、角度。

（2）字间和行间的疏密，即字距和行距。

（3）字与字或符号之间的比例关系。比例主要是指大小对比。符号在书法作品中出现的较少，历史上也出现过一些类似于今日的标点符号①，但是在书法作品中很少使用，只有一些断句和修正类的符号较常见，大致有以下种类：

a）断句，即句读。

b）圈点，作用类似于今天的划重点。

c）替代，同样的字连续出现，用两点或者两个短横代替某个字，如元代孛术鲁翀在《跋〈松风阁诗帖〉》中，用两点代替“匆”“萧”（见图 8–1），苏轼《次辩才韵诗帖》圆圈处用两个短横代替“溪”字（见图 8–2）。也有用一个短竖代替的，如蔡襄《陶生帖》（见图 8–3）。

① 参见谭步云：《出土文献所见古汉语标点符号探讨》，载《中山大学学报（社会科学版）》1996 年第 3 期。

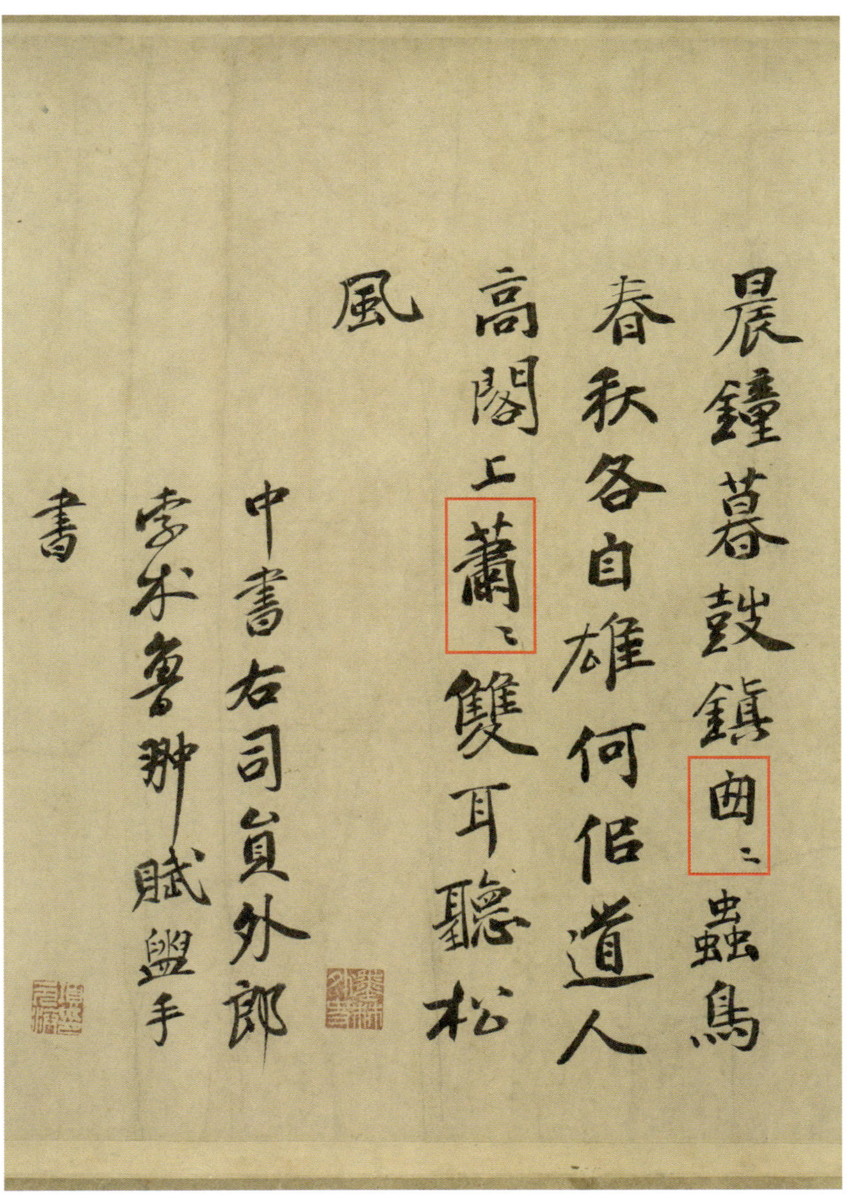

图 8-1：（元）孛术鲁翀《跋〈松风阁诗帖〉》

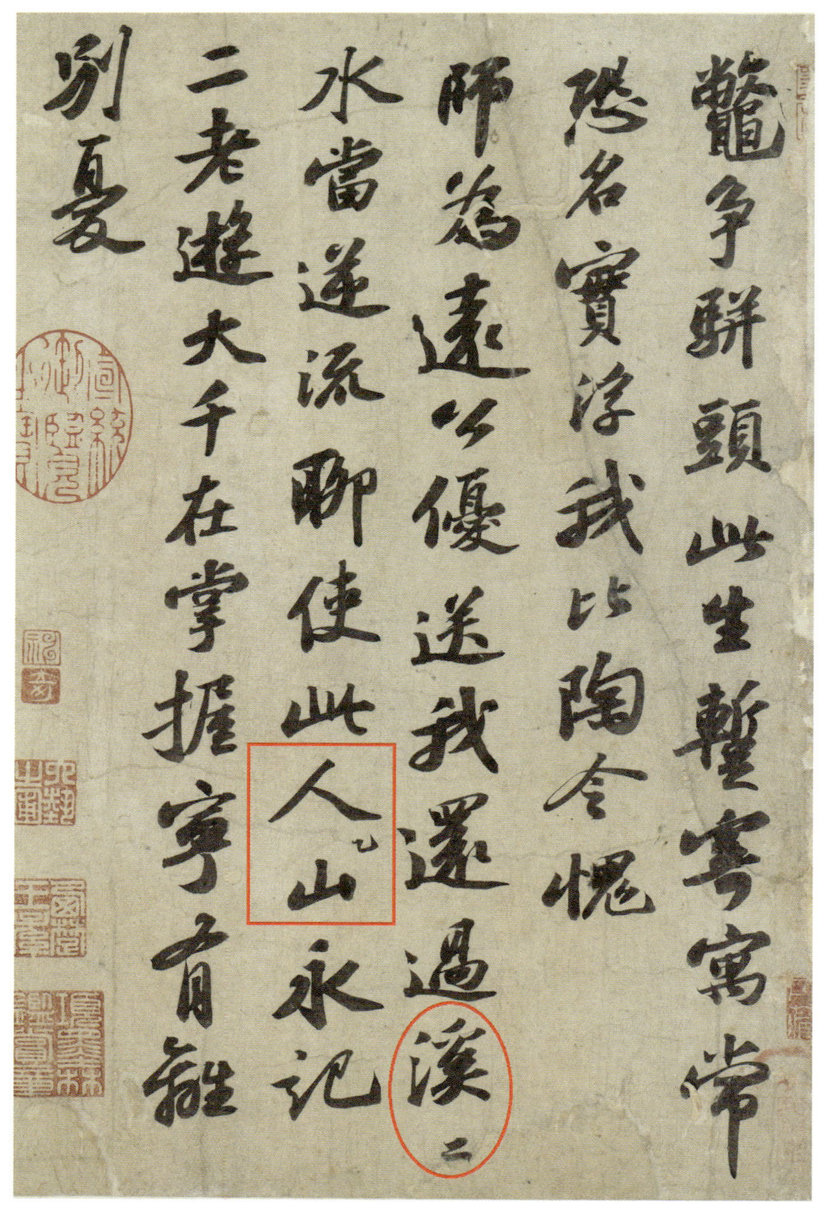

图 3-2：（宋）苏轼《次辩才韵诗帖》局部

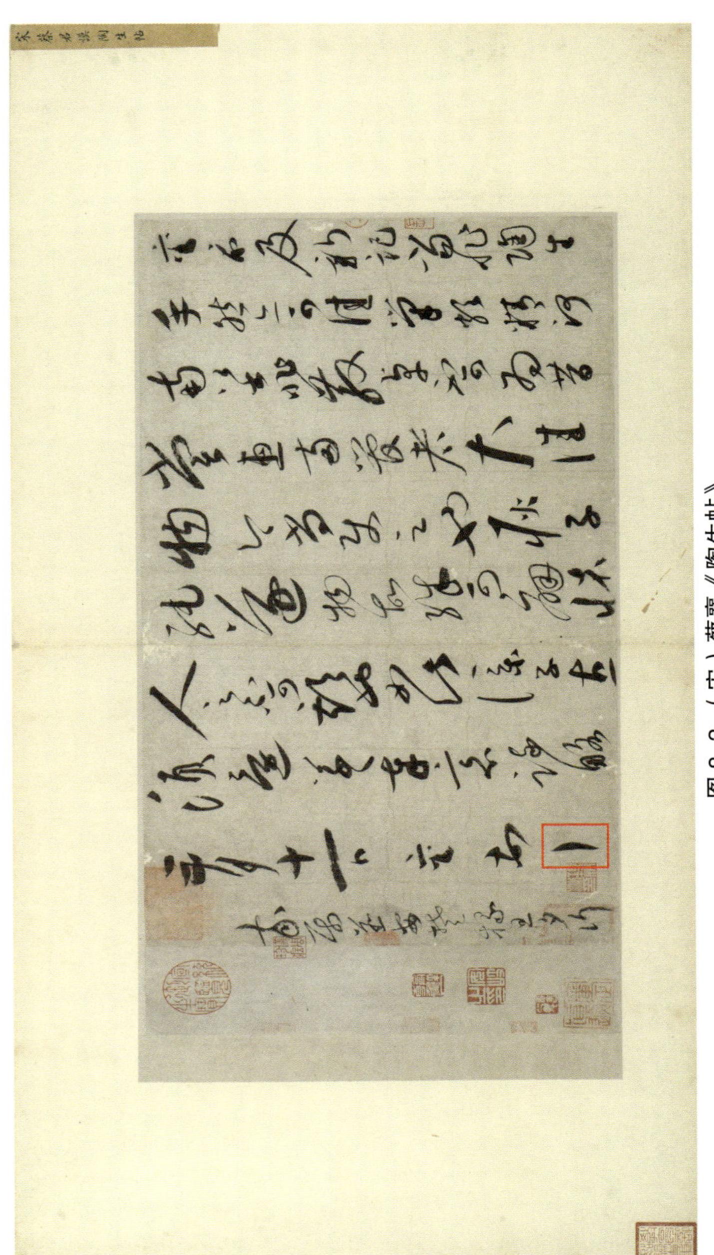

图 8-3：（宋）蔡襄《陶生帖》

d）修正，可分为增删、标注位置两种。

常见增删符号主要有：

删除类：涂抹或者画竖线，例如元代陆继善《双勾摹兰亭序》（图8-4）；圈删，例如颜真卿《祭侄文稿》；点删，在字的旁边点点表示删除，一般是三个点，也有更多或者更少的，例如黄庭坚《松风阁诗帖》（见图8-5方框处）；其他特殊删除符号，例如米芾《苕溪诗帖》的“卜”字形符号等。

增加类：以一条或两条引线标注，和现在的通用符号相同，也有不加引线直接写在行之间的，如米芾的《面谕帖》（图8-6）。

标注位置类：主要是调换位置的符号，如“乙”字形，和现在的通用符号相同，不再图片示例；旁注小号“乙”字形符号，如《次辩才韵诗帖》（图8-2）。

（4）字或符号与格线的关系。传统书法以纵向书写为主，方格和竖线格较常见，单独的横线格极少。

（5）行缩进、突出特点。书法作品行缩进、突出的情形在不同时代有不同特点，有的全部顶格，有的首行缩进一字或者两字，都是为了便于阅读，和现代横排文书规范类似。

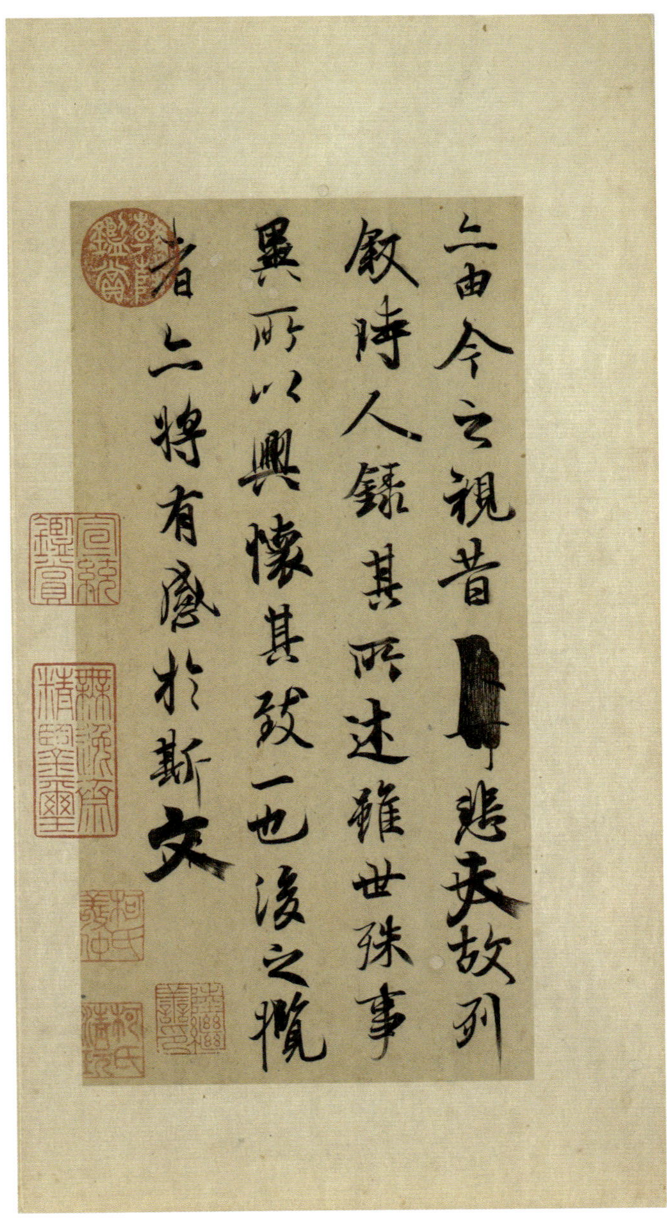

图 8-4：（元）陆继善《双勾摹兰亭序》局部

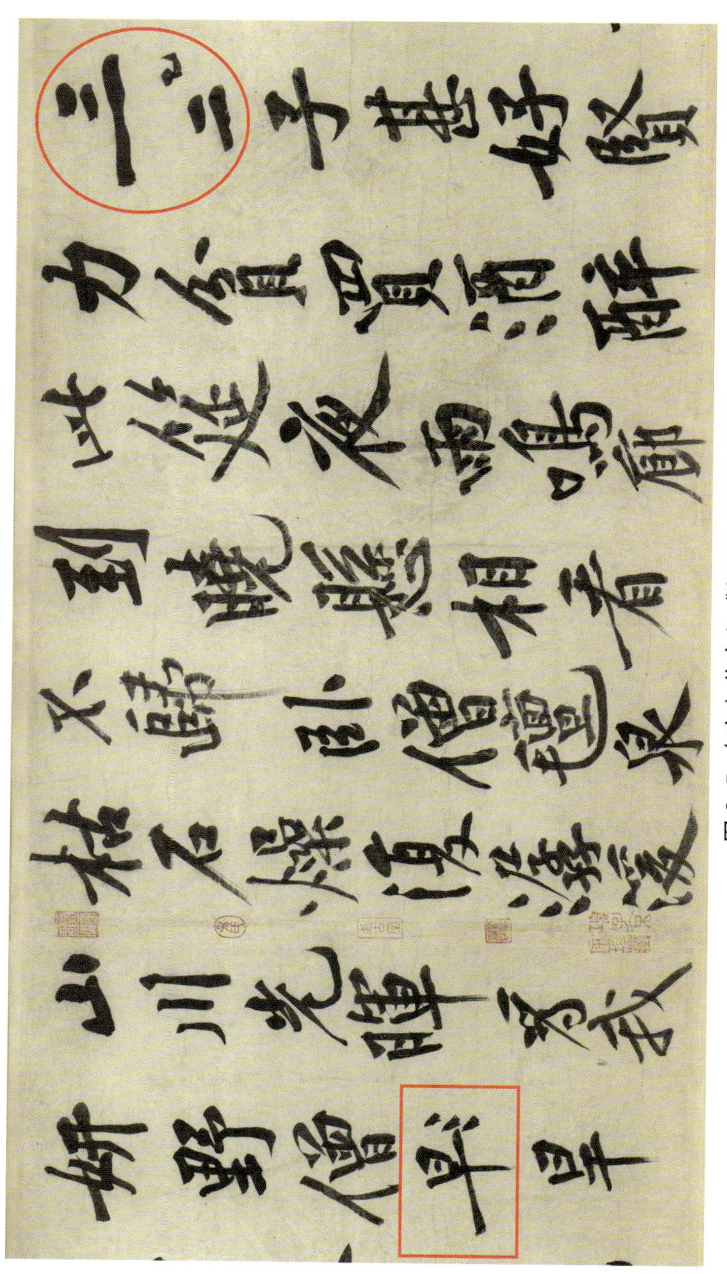

图 8–5：（宋）黄庭坚《松风阁诗帖》局部

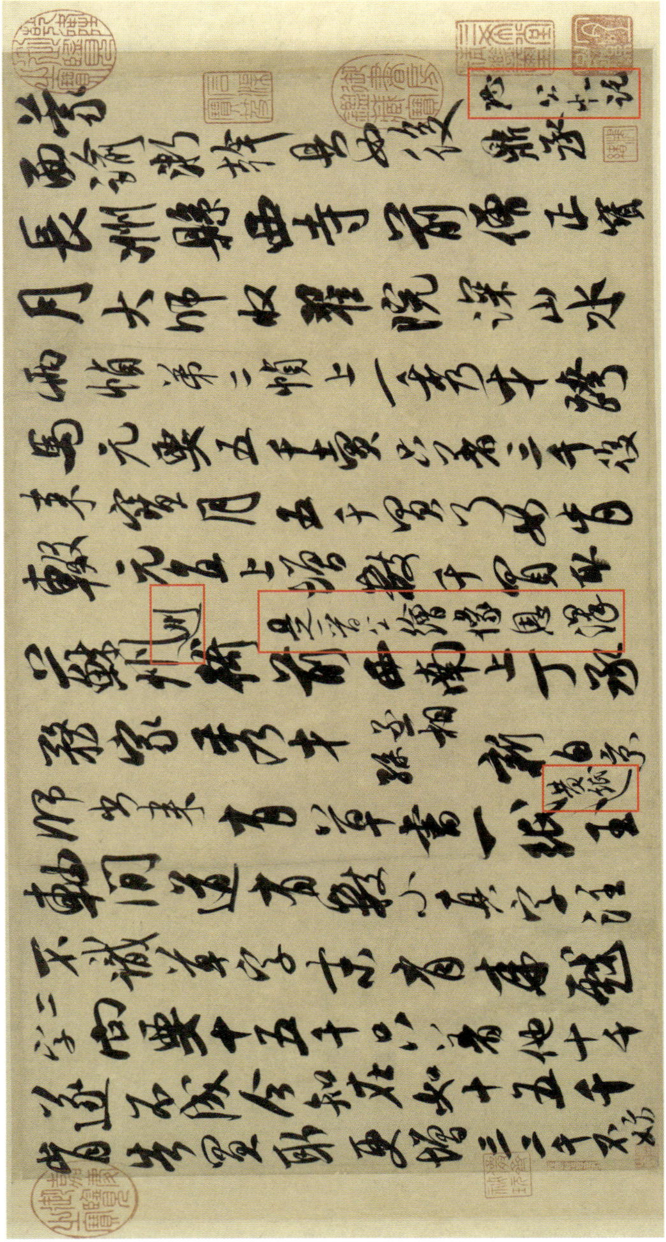

图 8–6：（宋）米芾《面谕帖》

（6）抬头、落款的位置。书法中比较特殊的格式是换行和抬头，即在行文遇到需要表示尊敬的对象时，另起一行顶格或者高于其他行书写。不同时代对抬头有不同要求，既有全都不抬头的，也有抬头两字或者更多的。如王羲之《远宦帖》，全文正常书写，每一行写满再另起一行，并没有刻意另起一行抬头；如图 5–11 苏辙《致提刑国博执事帖》，遇到特定的字就另起一行顶格书写，不需要每行都写满，但是和其他行齐平；如图 8–7 笔者示例，另起一行并高出其他行书一字书写（抬一字）；如图 8–8 清代励宗万《乾隆避暑山庄百韵诗》，另起一行并高出其他行书两字书写（抬两字）。抬头的相关要求比较复杂，有兴趣深研者可以参考清代《钦定科场条例》及古代文言书信教材等资料。

（7）页边、页脚、页眉的宽窄、形态等。在书法创作中，页边、页脚、页眉的宽窄、形态一般与书法家自身书写习惯有关，既有留白很大的，也有满满当当、密不透风的。在日常书写中，有比较固定的格式，其版面留白一般是天大于地大于两边，即页眉大于页脚大于页边，这主要是为了方便在页眉和页脚作批注，分别称作眉注（眉批）和脚注（脚批）。另外，在行间所作批注为夹注（夹批），在文章之后的为尾注（尾批）。例如，图 8–9、8–10 所示是古代文人日常抄写的八股文，相当于今天学生抄写作文范文，留白页眉大于页脚大于两边（右侧装订圆孔以内），文章有大量圈点等符号。

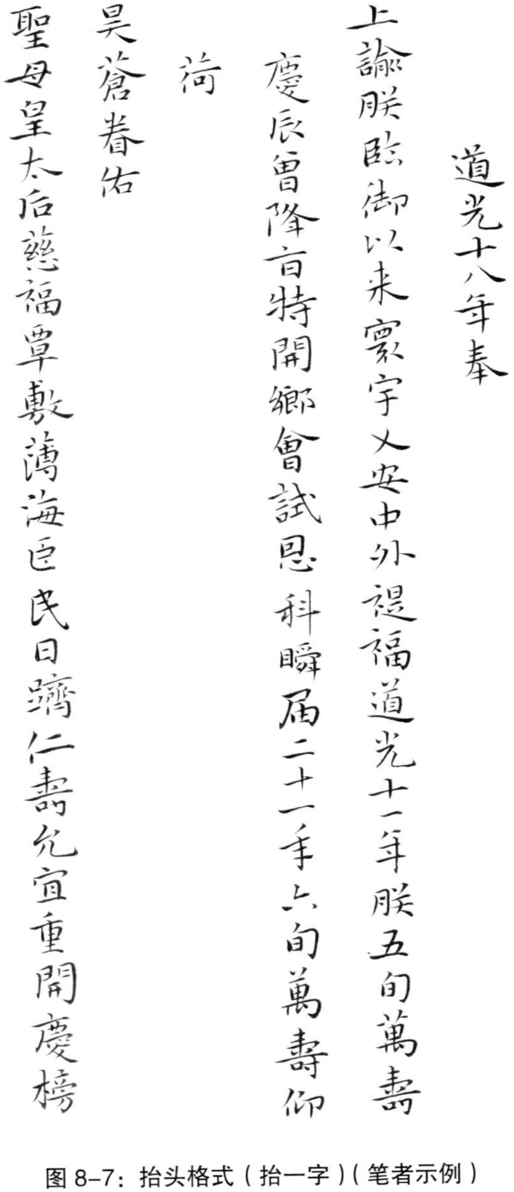

道光十八年奉
上諭朕臨御以来寰宇乂安中外禔福道光十一年朕五旬萬壽
慶辰曾降旨特開鄉會試恩科瞬屆二十一年六旬萬壽仰
荷
昊蒼眷佑
聖母皇太后慈福覃敷薄海臣民日躋仁壽允宜重開慶榜

图 8–7：抬头格式（抬一字）（笔者示例）

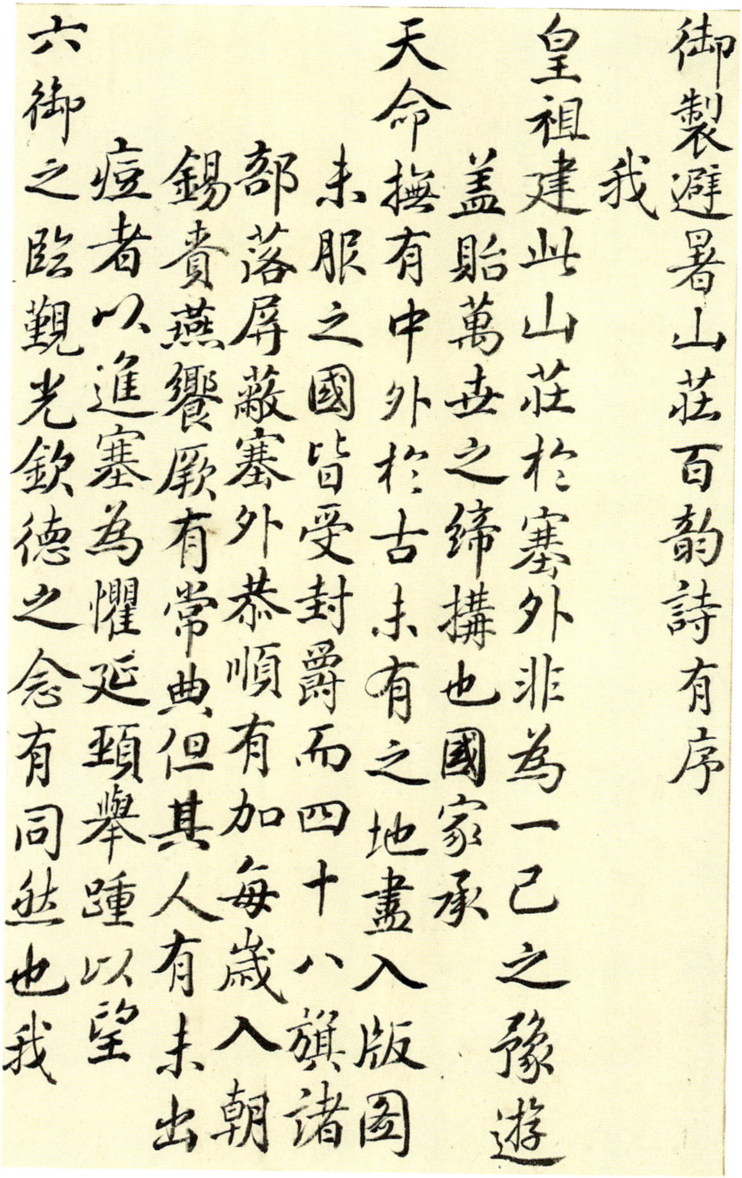

御製避暑山莊百韻詩有序
我
皇祖建此山莊於塞外非爲一己之豫遊
蓋貽萬世之締搆也國家承
天命撫有中外於古未有之地盡入版圖
未服之國皆受封爵而四十八旗諸
部落屏蔽塞外恭順有加每歲入朝
錫賚燕饗厥有常典但其人有未出
痘者以進塞爲懼延頸舉踵以望
六御之臨覲光欽德之念有同然也我

图 8-8：（清）励宗万《乾隆避暑山庄百韵诗》局部

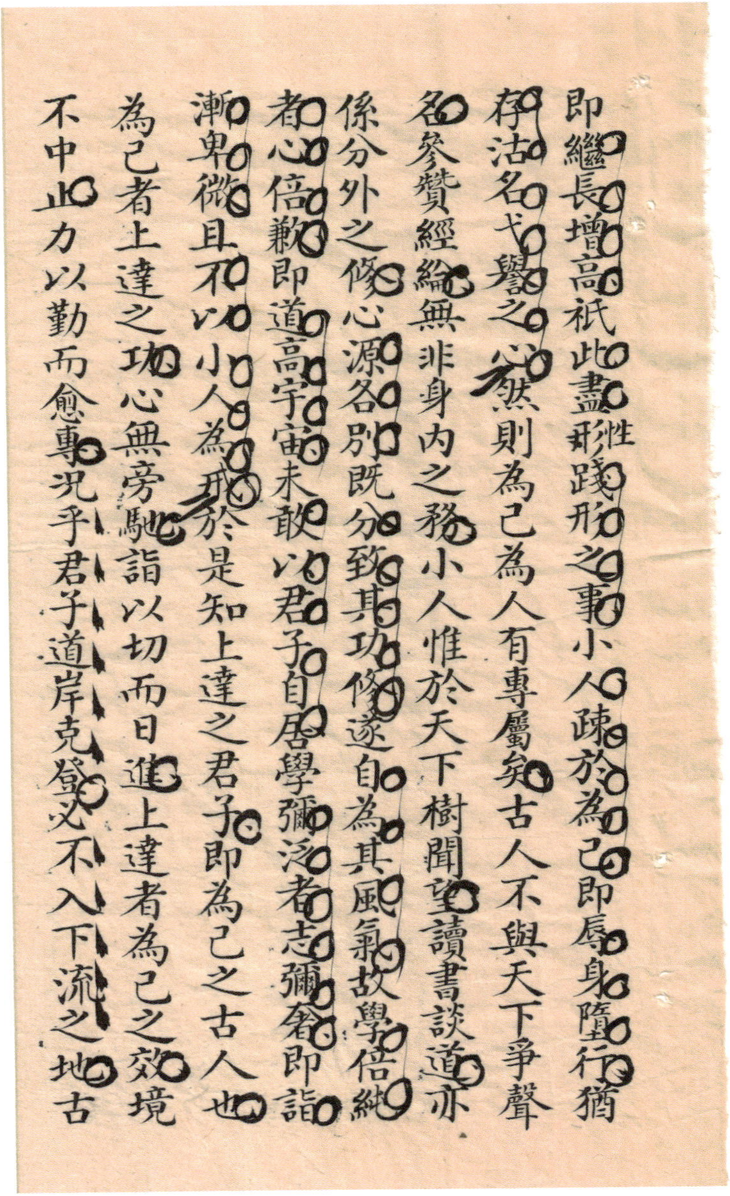

即繼長增高祇此盡性踐形之事小人踈於為己即辱身墮行猶
存沽名弋譽之心然則為己為人有專屬矣古人不與天下爭聲
名參贊經綸無非身內之務小人惟於天下樹聞望讀書談道亦
係分外之修心源各別既分致其功修遂自為其風氣故學倍純
者心倍歉即道高宇宙未敢以君子自居學彌深者志彌奢即詣
漸卑微且不以小人為非於是知上達之君子即為己之古人也
為己者上達之功心無旁騖詣以切而日進上達者為己之效境
不中止力以勤而愈專況乎君子道岸克登必不入下流之地古

图 8–9：（清）无名氏八股文抄本散页，私人藏品

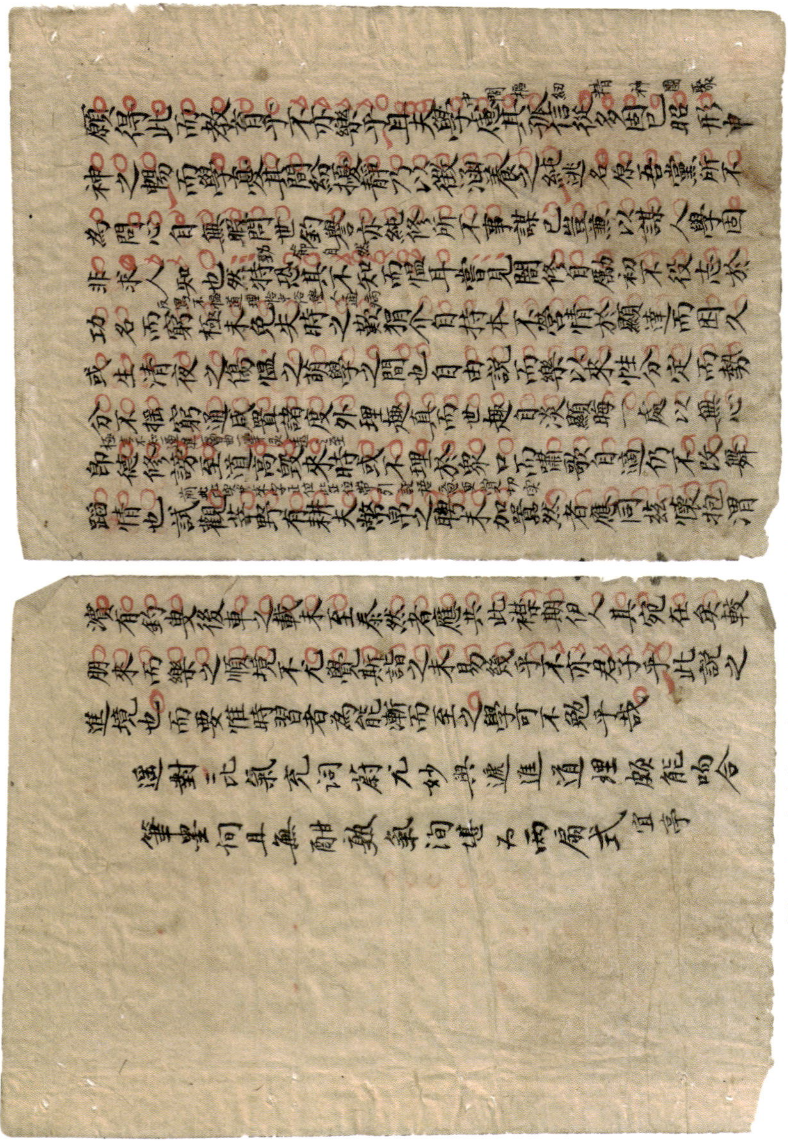

图 8-10：（清）无名氏八股文抄本散页，私人藏品

四、写法

根据《笔迹规范》4.4 的规定，写法是指单字及符号的基本构造、书写方法和使用规则，构成汉字字形的要素包括笔画、笔数及汉字部件的位置关系等。写法特征按繁简可分为简化字、繁体字；按规范性可分为规范字、非规范字，异体字、旧体字等；按正误可分为错字、别字等。该规定确定的写法概念，内涵与书法中的运笔（或称为“笔法”“用笔”）、字法（或称为“间架”“结构”）概念有交叉，但并非全包含或者全重合。

简化字的部分来源是古代就已经存在的俗字、古字和草书字，因此简化字并非近现代才有。要避免看到较早书法作品中有简化字就认定为伪作。如图 8–10 所示，也是古代文人抄写的八股文，黑墨抄写，红笔圈点，行间有小字夹注，文后有尾注。夹注中的“灵”“实”，尾注中的“词”“为”等字均为简体写法。再如，图 8–12 是唐代陆柬之书写的《文赋》，其中的“万”“弥”字也是简化字。

关于什么是规范汉字，《鉴定规范》5.5.3 有说明：

“注 1：常见的规范汉字参见《简化字表（1986 年新版）》《现代汉语通用字表》《现代汉语常用字表》；非规范简化汉字参见 1997 年 12 月 20 日提出的《第二次汉字简化方案（草案）》（简称“二简字”）；异体字参见修订的（第一批异体字整理表》；新旧字形参见《现代汉语规范词典（第三版）》）附录中的《新旧字形对照表》等；汉语拼音规范参见 GB/T 16159—2012；现代汉语分词规范参见 GB/T 13715—1992；标点符号的使用规范参见 GB/T 15834—2011。

注 2：规范的汉字笔画名称参见附录 A（笔者注：如表 8–1），汉字偏旁名称参见附录 B（笔者注：如表 8–2）；汉字的部首规范参见 GF 0011—2009。”

表 8–1：《笔迹规范》附录 A

附　录　A
（资料性附录）
汉字笔画名称

汉字笔画的规范性名称见表 A.1。

表 A.1　汉字笔画名称

笔画	名称	例字	笔画	名称	例字
㇔	点	言	㇖	横钩	写
㇐	横	工	㇆	横折钩	月
㇑	竖	巾	㇈	横折弯钩	九
㇒	撇	人	㇌	横撇弯钩	那
㇏	捺	大	㇡	横折折折钩	奶
㇀	提	打	㇉	竖折折钩	与
㇛	撇点	巡	㇄	竖弯	四
㇙	竖提	以	㇍	横折弯	沿
㇊	横折提	论	㇕	横折	口
㇁	弯钩	承	㇗	竖折	山
㇚	竖钩	小	㇜	撇折	云
㇟	竖弯钩	屯	㇇	横撇	水
㇂	斜钩	钱	㇅	横折折撇	建
㇃	卧钩	心	㇞	竖折撇	专

表 8-2:《笔迹规范》附录 B

附　录　B

(资料性附录)

汉字偏旁名称

汉字偏旁的规范性名称见表 B.1。

表 B.1　汉字偏旁名称

形状	名称	例字	形状	名称	例字
冫	两点水	冷、准	止	止字旁	武、芷
冖	秃宝盖	军、冠	户	户字旁	扇、护
十	十字儿	华、阜	礻	示字旁	祖、礼
讠	言字旁	论、计	王	王字旁	琅、汪
刂	立刀旁	制、别	木	木字旁	杜、极
八	八字旁	谷、分	车	车字旁	辆、输
人	人字头	仓、合	日	日字旁	暇、晴
厂	厂字旁	原、压	曰	冒字头	暑、显
力	力字旁	努、加	父	父字头	斧、釜
又	又字旁	难、欢	牜	牛字旁	牵、特
亻	单人旁	侵、倒	攵	反文旁	敏、故
卩	单耳刀	却、即	斤	斤字旁	新、忻
阝	双耳刀	陆、队	爫	爪字头	爱、爵
廴	建字旁	建、挺	月	月字旁	肋、膛
勹	包字头	包、甸	穴	穴宝盖	空、窟
厶	私字儿	参、么	立	立字旁	竖、粒
匚	三框儿	医、区	目	目字旁	盲、瞳
冂	同字框	网、同	田	田字旁	男、累
氵	三点水	泸、治	石	石字旁	研、磊
彡	三撇儿	彤、参	矢	矢字旁	矮、唉
忄	竖心旁	俏、情	疒	病字旁	疼、痈
宀	宝盖儿	宜、寇	衤	衣字旁	衬、裨
广	广字旁	底、鹿	钅	金字旁	错、铁
夕	夕字旁	梦、汐	罒	皿字头	蜀、罢
辶	走之旁	邀、遗	皿	皿字底	盂、盖
寸	寸字旁	封、村	禾	禾木旁	秋、秀
扌	提手旁	拖、打	白	白字旁	泉、柏
土	提土旁	地、吐	鸟	鸟字旁	鸭、鸡
艹	草字头	药、薯	米	米字旁	糕、料

续表

形状	名称	例字	形状	名称	例字
大	大字头	套、态	西	西字头	栗、要
小	小字头	肖、尖	页	页字旁	顷、硕
口	口字旁	唱、叩	舌	舌字旁	乱、适
囗	方框儿	国、回	缶	缶字旁	缸、缺
门	门字框	阅、问	耳	耳字旁	耽、职
巾	巾字旁	师、帅	虫	虫字旁	蛹、虹
山	山字旁	峡、疝	虍	虎字头	虑、虚
彳	双人旁	徐、徽	竹	竹字头	管、篮
犭	反犬旁	猪、狗	舟	舟字旁	船、舫
饣	食字旁	饱、饭	走	走字旁	赵、起
尸	尸字头	屡、局	足	足字旁	踞、跳
弓	弓字旁	张、粥	角	角字旁	触、解
子	子字旁	孩、孙	身	身字旁	躲、躲
女	女字旁	妈、蚂	鱼	鱼字旁	鳄、鳔
纟	绞丝旁	绒、终	隹	隹字旁	雀、翟
马	马字旁	骝、驾	雨	雨字头	露、零
灬	四点底	热、蒸	齿	齿字旁	龄、齿
方	方字旁	旅、堃	革	革字旁	鞭、勒
手	手字旁	拜、掰	骨	骨字旁	骼、鹘
欠	欠字旁	欲、欢	音	音字旁	韶、韵
火	火字旁	灭、伙			
心	心字旁	意、芯			

异体字是相对正体而言的，其字音和字义与正体相同，只是写法不同，如“闫”是“阎”的异体字，用作姓氏。书法家使用异体字的情形较为常见，主要目的是避免字形单一。有的书法家很喜欢使用异体字，其作品中触目皆是（如图 8–11）。异体字的写法有其历史文化背景，有些是书法家根据篆书体、隶书体或者草书体写法转换而成的，需要具有一定文字学功底，否则很容易写错。

旧体字是指与规范字笔画形态不同但是在规范字确定之前就已经

作为正确写法使用的字，如表 8-3[1]。

关于书法中的错字、别字，要区别对待。我们在判断是否属于错字、别字时，习惯用当今规范字作为标准去衡量书法作品，实际上有大量特殊写法在书法范围可以通用，并不视为错字、别字，这些写法涵盖简体字、异体字、书法惯用写法等。书法界一般认为，在传世著名碑帖中有出处的，即不认为是错字、别字。如图 8-12，191 个字中至少有 60 处（不含行草书符号写法和疑似错字、别字）与规范字有明显差异，但是在书法作品中借用其写法的不应视为错字、别字。

从笔画数量和类型来看，特殊写法大体可以分为“增、减、改”三种。“增”就是增加笔画，如图 8-12 中方框所示“辞”“鸟”“枝”等字；“减”就是减少笔画，如图中的“皆”“源”“流”“藏”等字；“改”就是改变笔画和偏旁部首的写法，或者改变字的结构，如图中的“弹”“昭”“群”等字。

避讳也是特殊写法的来源之一。在某些朝代，遇到帝王、祖辈名讳的时候，需要想方设法避开这个字，常见方法有缺笔、改用其他同音或者同义字两种。如图 8-12 中圆圈所示，“世”少写了一竖，“叶”中间的“世”也同样处理，是避“李世民”之讳；两个“渊”字只写了三点水，右侧则全都省去不写，是避“李渊”之讳。

当然，古人书法作品中也的确可能出现错字、别字。如图 8-12 中箭头所示，“骛”写成了“务”、“仞”写成了“忍”等。

---

① 上海辞书出版社语文辞书编纂中心：《古汉语字典》（新一版），上海辞书出版社 2009 年版，第 1023 页。

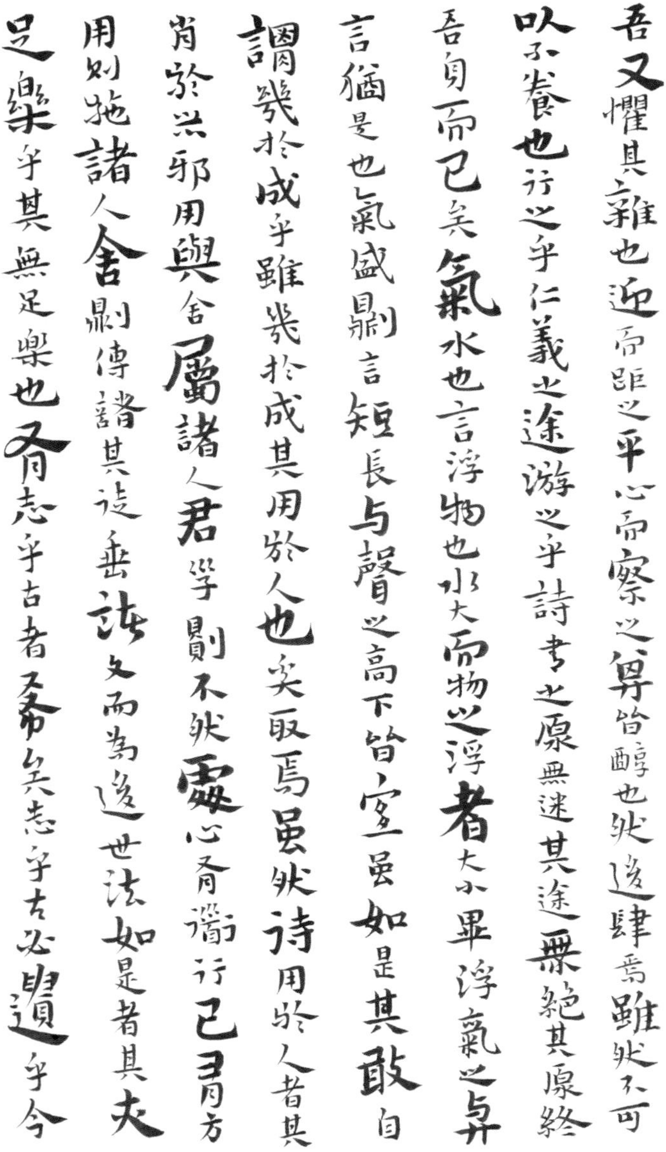

图 8–11：临王铎小楷（笔者示例）

表 8-3：新旧字形对照举例

新字形	旧字形	新字举例	新字形	旧字形	新字举例	新字形	旧字形	新字举例	新字形	旧字形	新字举例
艹③	艹④	花草	令⑤	令⑤	冷零	湇⑦	湇⑦	敝蔽	俞⑨	俞⑨	渝愈
及③	及④	吸笈	印⑤	印⑥	茚	耳⑦	耳⑧	敢嚴	為⑨	爲⑫	偽摀
辶③	辶④	迪远	耒⑥	耒⑥	耕耘	青⑧	青⑧	清静	既⑨	既⑪	溉厩
礻④	示⑤	社祺	吕⑥	吕⑦	侣宫	者⑧	者⑨	都著	蚤⑨	蚤⑩	搔骚
丰④	丰④	沣艳	攸⑥	攸⑦	修倏	直⑧	直⑧	值植	敖⑩	敖⑪	傲遨
开④	幵⑥	研形	争⑥	爭⑧	净筝	黾⑧	黽⑧	绳鼋	莽⑩	莽⑫	漭蟒
巨④	巨⑤	苣渠	产⑥	产⑥	産彦	咼⑧	咼⑨	涡過	真⑩	眞⑩	慎填
屯④	屯④	顿囤	差⑥	差⑦	差養	垂⑧	垂⑨	郵陲	䍃⑩	䍃⑩	摇遥
瓦④	瓦⑤	瓶瓷	并⑥	幷⑧	拼屏	食⑧	食⑨	铺餤	殺⑩	殺⑪	搬鎩
反④	反④	板返	羽⑥	羽⑥	翔翁	郎⑧	郎⑨	廊螂	黄⑪	黃⑫	横廣
内④	内⑤	离禽	吴⑦	吳⑦	娱虞	录⑧	录⑧	碌箓	虚⑪	虛⑫	歔墟
户④	戶④	扁扇	肖⑦	肖⑦	消霄	昷⑨	昷⑩	温瘟	異⑪	異⑫	冀戴
丑④	丑④	纽杻	兑⑦	兌⑦	悦锐	骨⑨	骨⑩	滑骼	象⑪	象⑫	像橡
犮⑤	犮⑤	拔茇	角⑦	角⑦	解确	卸⑨	卸⑧	御禦	奥⑫	奧⑬	澳襖
禸⑤	禸⑤	禹禺	奂⑦	奐⑨	换痪	鬼⑨	鬼⑩	槐嵬	普⑫	普⑬	谱氆

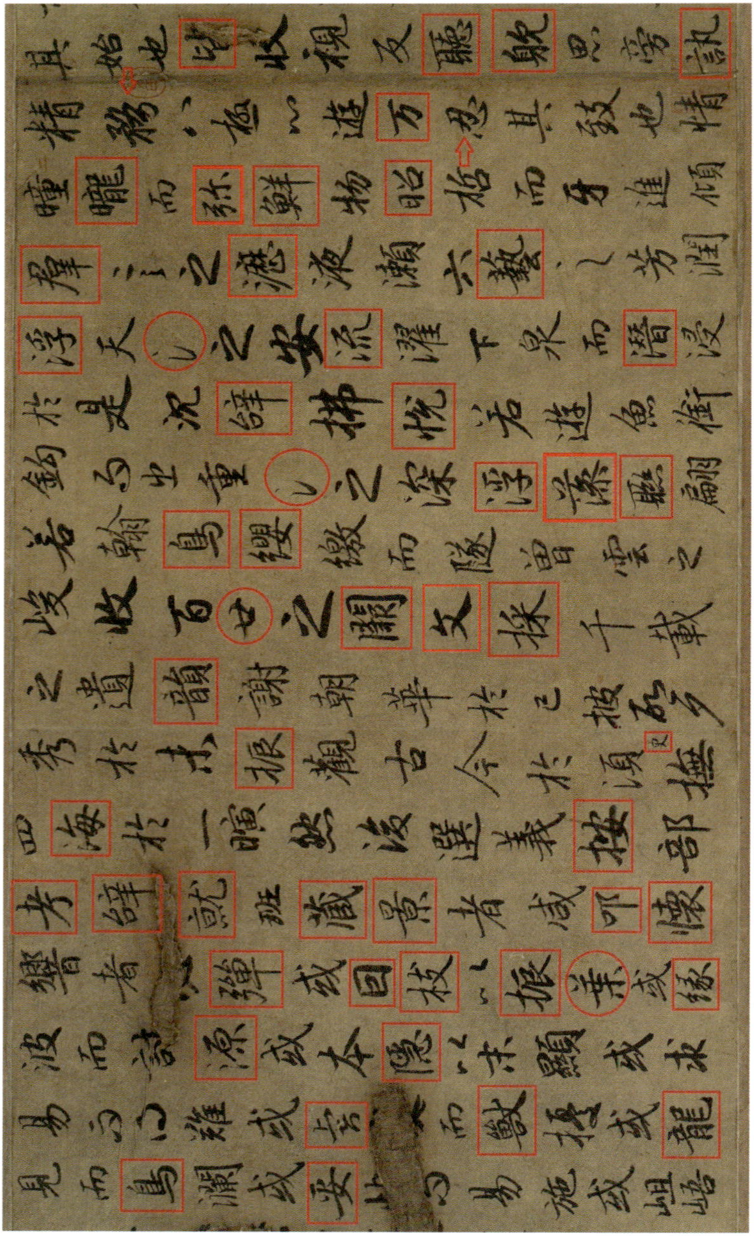

图 8-12:（唐）陆柬之《文赋》局部

五、形体

（一）形体的概念与体式

根据《笔迹规范》4.5 的规定，形体是指单字的基本形状和体式，包括单字的体式、大小、形状及倾斜方向、角度等。单字的体式可分为楷书体、行楷体、行书体、行草体、草书体等。

体式与书法中的字体类似，但是后者更丰富多样，除《笔迹规范》4.5 列举的五种之外，还有篆书体、隶书体、简帛体等，对这些书体名称能否在笔迹鉴定中作为规范用语使用，笔者持肯定意见。在避免歧义的前提下，使用这些名称并不违反客观表述的要求，且《笔迹规范》4.5 的规定方式是“单字的体式可分为……等”，即并非穷尽式列举，而是保留了还存在其他体式的可能性。

（二）单字外部形状

根据上述规定，单字外部形状可分为长、方、圆、椭圆及不规则形状等。书法中单字外部形状较为复杂，其原因一方面是汉字自身造型的多样化，另一方面，书法界通说认为“若平直相似，状如算子，上下方整，前后齐平，便不是书，但得点画耳”①，书法家会尽可能丰富书法线条和外部轮廓变化（如图 8-13），以增加趣味性。

单字外部形状在书法中一般称为外轮廓，大致由上下左右四个侧边的轮廓线组成，其中，左右两侧的称为侧阔。根据外轮廓变化剧烈程度，可以把外轮廓分为动态、静态、动静结合三种。如图 8-14，是典型静态外轮廓，单字外轮廓基本可以看作是规则矩形，侧廓也较稳

① 黄简：《历代书法论文选》，上海书画出版社 1979 年版，第 26—27 页。

定。如图 5–15，是典型动态外轮廓，大小变化强烈，侧廓波动较大。图 8–15 则是动静结合的例子，这种夹杂楷书体、草书体的写法较为少见，明代宋克、沈粲等人较为典型。

六、结构

根据《笔迹规范》4.6 的规定，结构是指某些固定搭配的单字之间（如签名、日期等），以及单字的篇旁、部首、笔画之间的空间布局和比例关系。该定义与书法中的字法（或称为“间架”“结构”）概念类似，但是其范围增加了“某些固定搭配的单字之间（如签名、日期等）”。

《笔迹规范》4.6 将笔迹的结构特征分为整体结构特征、单字结构特征和笔画结构特征等。整体结构特征所举的例子“签名笔迹中各单字之间的整体布局关系”，已经属于书法中章法的研究范畴了。单字结构特征举例“单字各部件之间的左右、上下、里外，包围的布局和比例关系”。笔画结构特征举例“单字的笔画之间具体的搭配比例关系”。

结构相比线条来说，其特征要更固定一些，但是书法家依然会尽量追求变化，人们津津乐道的王羲之《兰亭序》“之”字各个不同，就是一个例子。

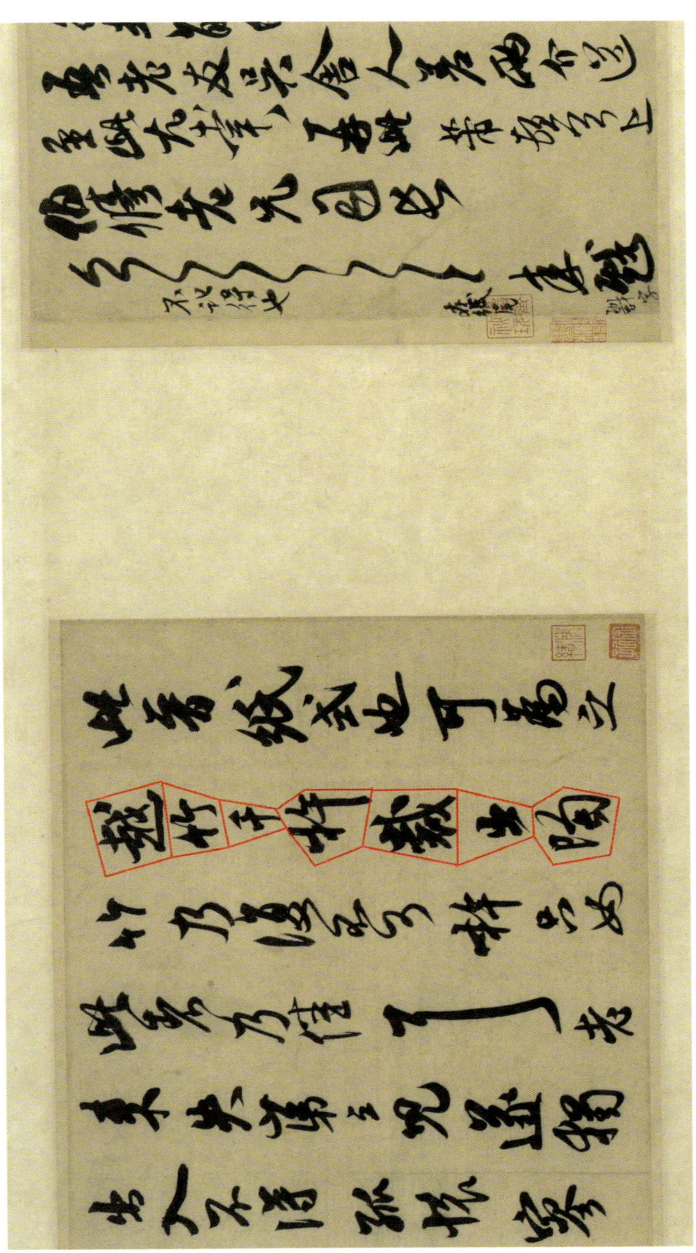

图 8-13:（宋）米芾《晋纸帖》局部

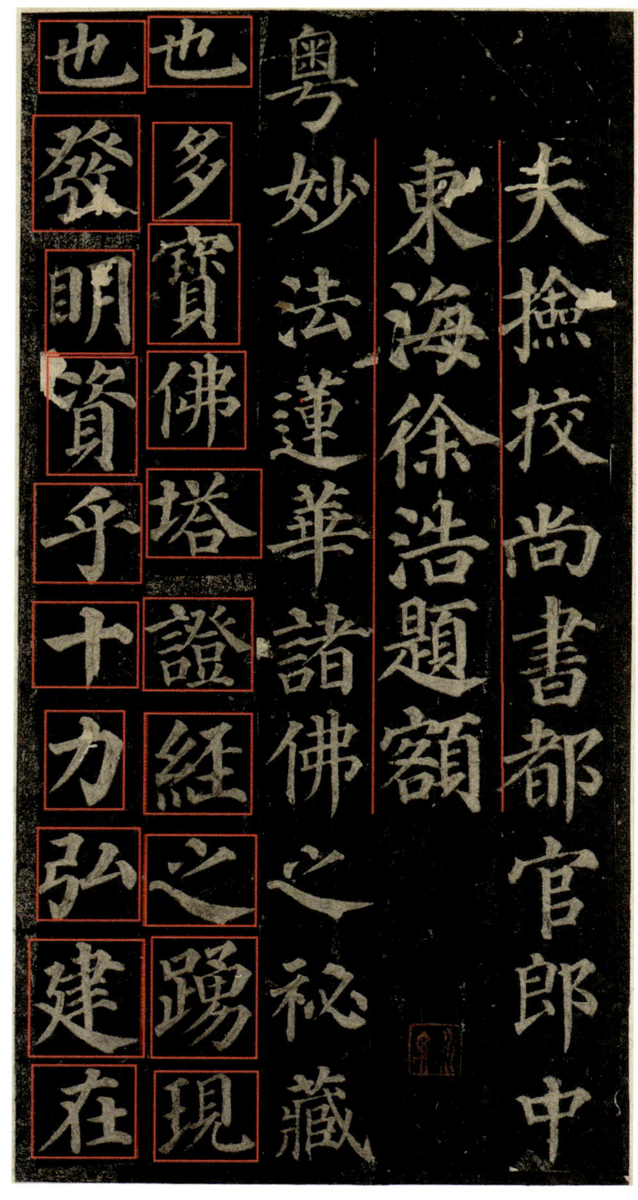

图 8-14：（唐）颜真卿《多宝塔碑》拓本局部

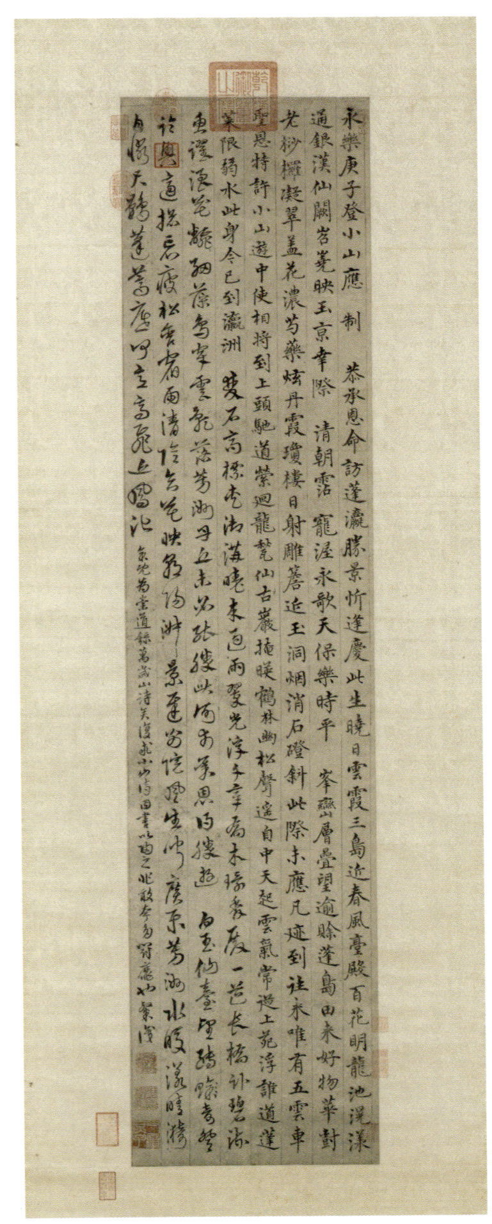

图 8-15：（明）沈粲《书应制诗》

七、笔顺

根据《笔迹规范》4.7 的规定，笔顺是指构成单字的各部件之间、单字笔画之间的书写次序和方向，有时也指某些固定搭配的单字之间或单字与相邻符号之间的书写次序和方向。

笔顺应该属于常识，根据《笔迹规范》5.5.3 的说明，现代汉字的规范笔顺参见《现代汉语通用字表》和《现代汉语通用字笔顺规范》；汉字笔顺书写的规则参见《笔迹规范》附录 C（表 8–4），汉字的基本间架结构及比例关系参见附录 D（表 8–5）。

表 8–4:《笔迹规范》附录 C

附　录　C
（资料性附录）
汉字笔顺规则

汉字规范性的笔顺规则见表 C.1。

表 C.1　汉字笔顺规则

汉字规则			例字	笔画序列
基本规则		先横后竖	十	一丨
		先撇后捺	人	丿㇏
		从上到下	亏	一一㇉
		从左到右	孔	㇇丨㇀乚
		先外后里	月	丿𠃌一一
		先外后里再封口	日	丨𠃍一一
		先中间后两边	小	亅丿丶
补充规则	带点的字	点在正上及左上先写点	门	丶丨𠃌
		点在右上后写点	犬	一丿㇏丶
		点在里面后写点	瓦	一㇄㇅丶
	两面包围结构的字	右上包围结构，先外后里	勺	丿𠃌丶
		左上包围结构，先外后里	庆	丶一丿一丿㇏
		左下包围结构，先里后外	近	丿丿一丨丶㇋㇏
	三面包围结构的字	缺口朝上的，先里后外	击	一一丨乚丨
		缺口朝下的，先外后里	内	丨𠃌丿丶
		缺口朝右的，先上后下再右下	区	一丿丶㇗

表 8-5:《笔迹规范》附录 D

附　录　D

(资料性附录)

汉字间架结构

汉字间架结构方式及间架比例见表 D.1。

表 D.1　汉字间架结构

结构方式	例字	间架比例
独体结构	米、日	方正
品字形结构	品、森	各部分相等
上下结构	思、华	上下相等
	霜、花	上小下大
	基、想	上大下小
上中下结构	意、定	上中下相等
	褒、裹	上中下不等
左右结构	村、联	左右相等
	伟、搞	左窄右宽
	刚、郭	左宽右窄
左中右结构	街、坳	左中右相等
	滩、傲	左中右不等
全包围结构	圆、国	全包围
半包围结构	医、匝	左包右
	庆、尾	左上包右下
	匀、句	右上包左下
	遍、建	左下包右上
	闻、闲	上包下
	函、凶	下包上

在书法体系中，有很多不同于规范但约定俗成的笔顺，具有相当的普遍性，一般不能视为价值较高的特征。如图 8-16，短短几行就有 9 处不同于笔顺规范的写法，其中，圆圈标注的 8 个字是笔画书写次序不同，方框标注的字是笔画书写方向不同。这些不同大多数属于为了便于快速书写、在长期实践中约定俗成的写法，并在书法学习中代代相传。为方便观察其书写次序和方向，请参照图 8-17。

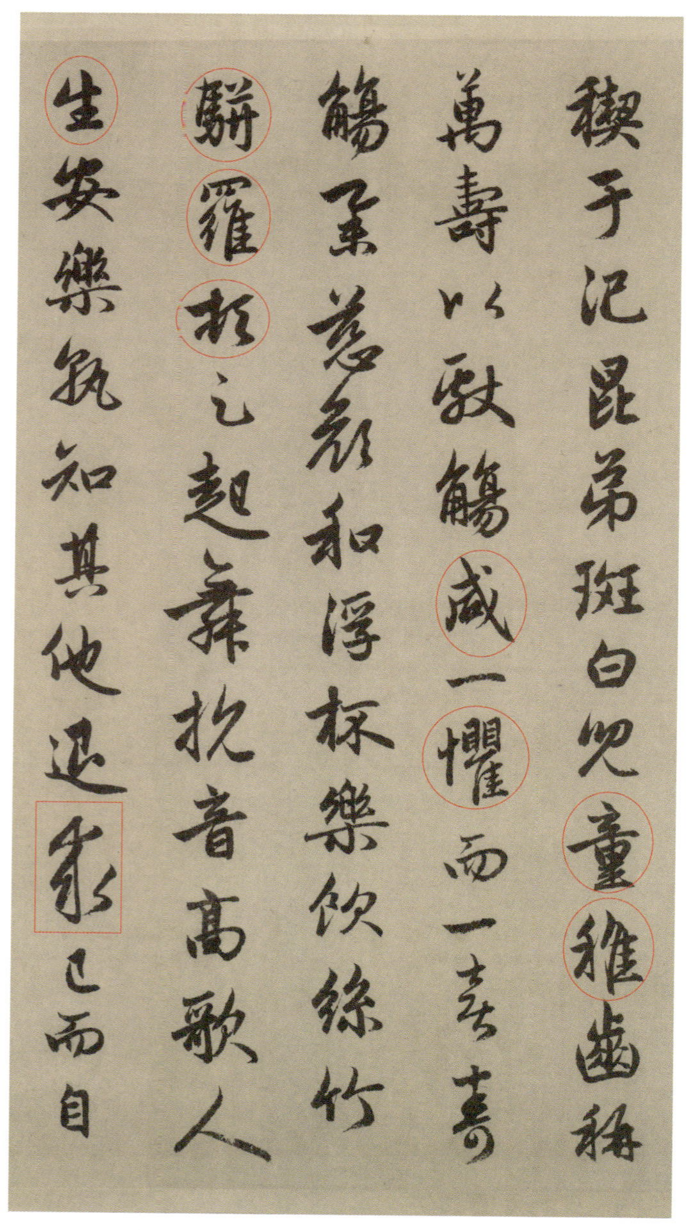

图 8-16：（元）赵孟頫《闲居赋》局部

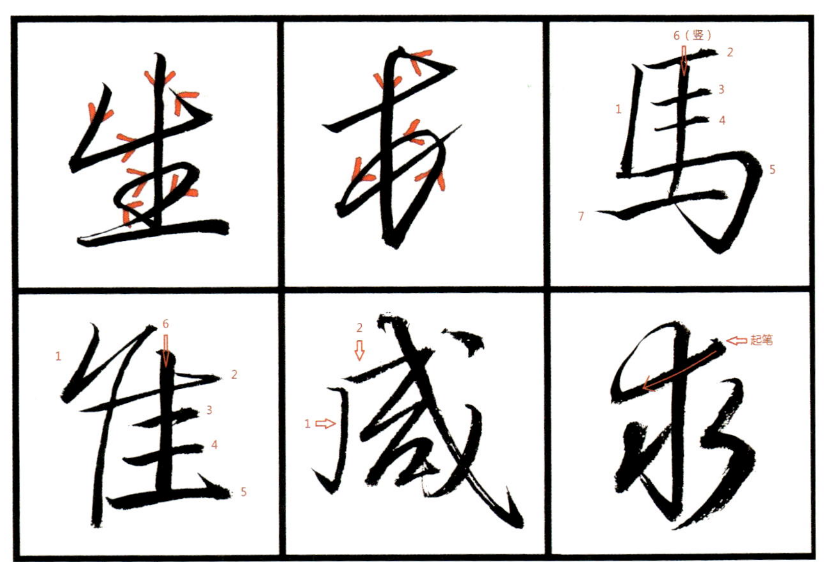

图 8-17：笔画书写次序与方向（笔者示例）

八、运笔

根据《笔迹规范》4.8 的规定，运笔是指书写活动中一个完整的起、行、收笔书写过程或一系列相互关联的书写过程中反映出的书写方向和角度、书写速度和书写力度的变化特点在笔迹中的综合反映，以及书写过程中在笔画的起、收、转、折、连、绕、顿、提、摆、颤、抖、拖、带等细微书写动作处反映出的书写方向和角度、书写速度和力度的变化特点。运笔特征可分为某些固定搭配字迹笔画间的整体运笔特征、单字运笔特征、笔画运笔特征及细微书写动作的运笔特征等。

书法中也有运笔的说法，或称为“用笔”“笔法”，字面理解就是用笔写字的方法，与该规定的内容基本一致。自古以来书法家都极度重视笔法，认为是书法最重要的内容之一。赵孟頫《兰亭十三跋（定武兰亭跋）》有云：“书法以用笔为上，而结字亦须用工。盖结字因时相传，用笔千古不易。”① 很多顶尖书画鉴定人士，如谢稚柳、启功等人，既是鉴定家，也是著名书画家，故而对笔法能有深刻认识，鉴定事半功倍。

对于规定中所说书写过程反映“书写方向和角度”“书写速度和书写力度”稍作说明。

（一）关于反映书写方向和角度

对于常见笔画形态，判断其书写方向和角度并不难。但是书法中有些特殊情形，会造成判断困难。

1. 执笔方式

在写小字时，毛笔和硬笔类似，笔杆的倾斜角度基本固定，变化幅度较小。在写大字时，为了调整笔锋，笔杆往往呈现东倒西歪的状态。如拖笔中锋（如图 8–24），笔杆和纸面的夹角可以小于 30°，这种写法在硬笔中几乎见不到。

2. 藏锋写法

在藏锋比较彻底时，笔画会完全收敛锋芒，具体书写方向和角度需要借助前后笔画，甚至有的完全无法判断。

如图 8–18，A2 是藏锋写法，好在 A1 的行笔路线是明确的，可以按照常规书写习惯判断 A2 的起笔书写方向和角度。A2 之后的行笔大

① 任道斌：《赵孟頫文集》，上海书画出版社 2010 年版，第 219 页。

部分是连笔，看不到笔尖，根据笔画上下衔接情况依然可以各自地判断书写方向和角度。

图 8-18：书写方向和角度，选自（宋）米芾《德忧帖》

A3 是逆笔藏锋，起笔形态被后续行笔完全覆盖，也没有之前笔画的连接，起笔具体位置不清，书写方向和角度也就无法准确判断。从原理上来说，A3 的具体起笔位置可以是无数个，图中所示只是可能行笔路线的一种。

3. 洇晕模糊

有些书法家更偏向于使用淡墨和较生的纸张书写，让线条更温润厚重，避免露出过多笔锋而显得“躁”，也导致笔锋在洇墨后模糊，无法判断其书写方向和角度（如图 5-2）。

4. 刊刻碑帖

在现代印刷术出现之前，书法传播最重要的方式之一就是刊刻并制作拓片、拓本。镌刻高手只能尽量逼近原作，但无法体现原作墨色、纸张、装帧等情形，笔画细节实际上也有很多损失。

例如，《淳化阁帖》是宋朝淳化三年（992 年）宋太宗命人制作的刻帖，规格很高，刻得也很精细，被称为“丛帖之祖”。其中有王羲之的《远宦帖》（如图 8-19），该帖恰好有墨迹摹本（如图 8-20）传

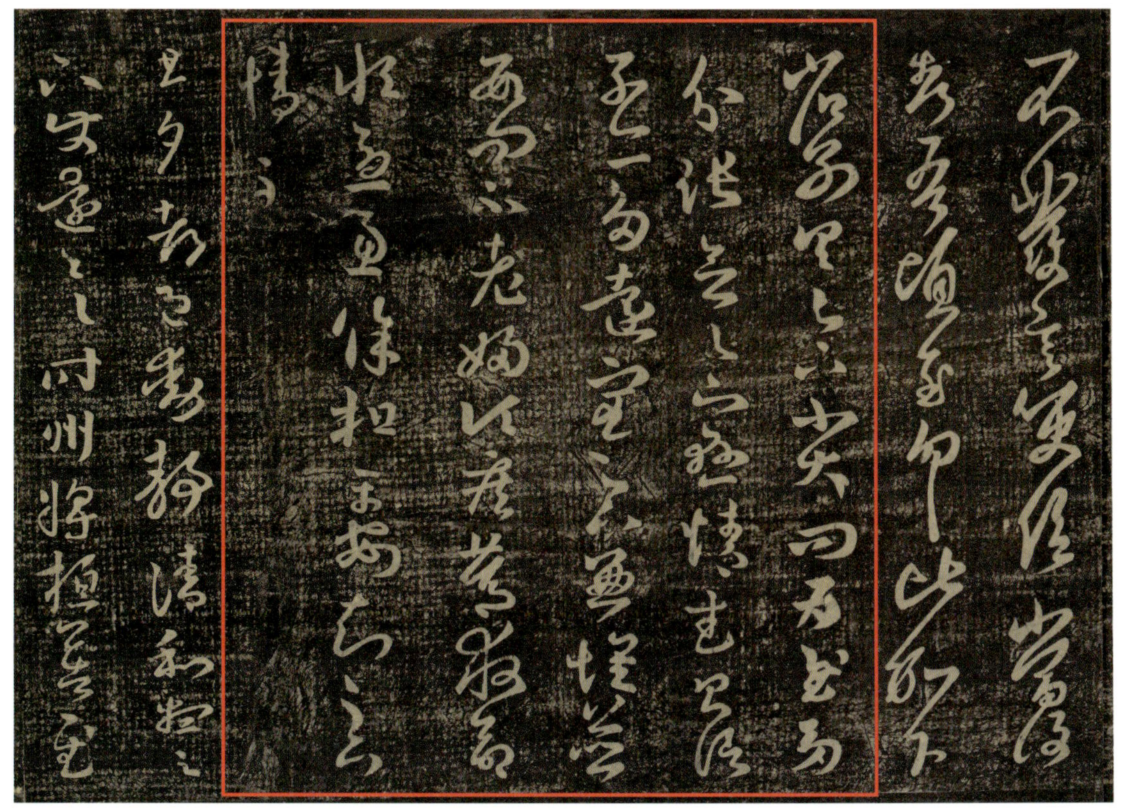

图 8-19:（晋）王羲之《远宦帖》（《淳化阁帖》拓本）

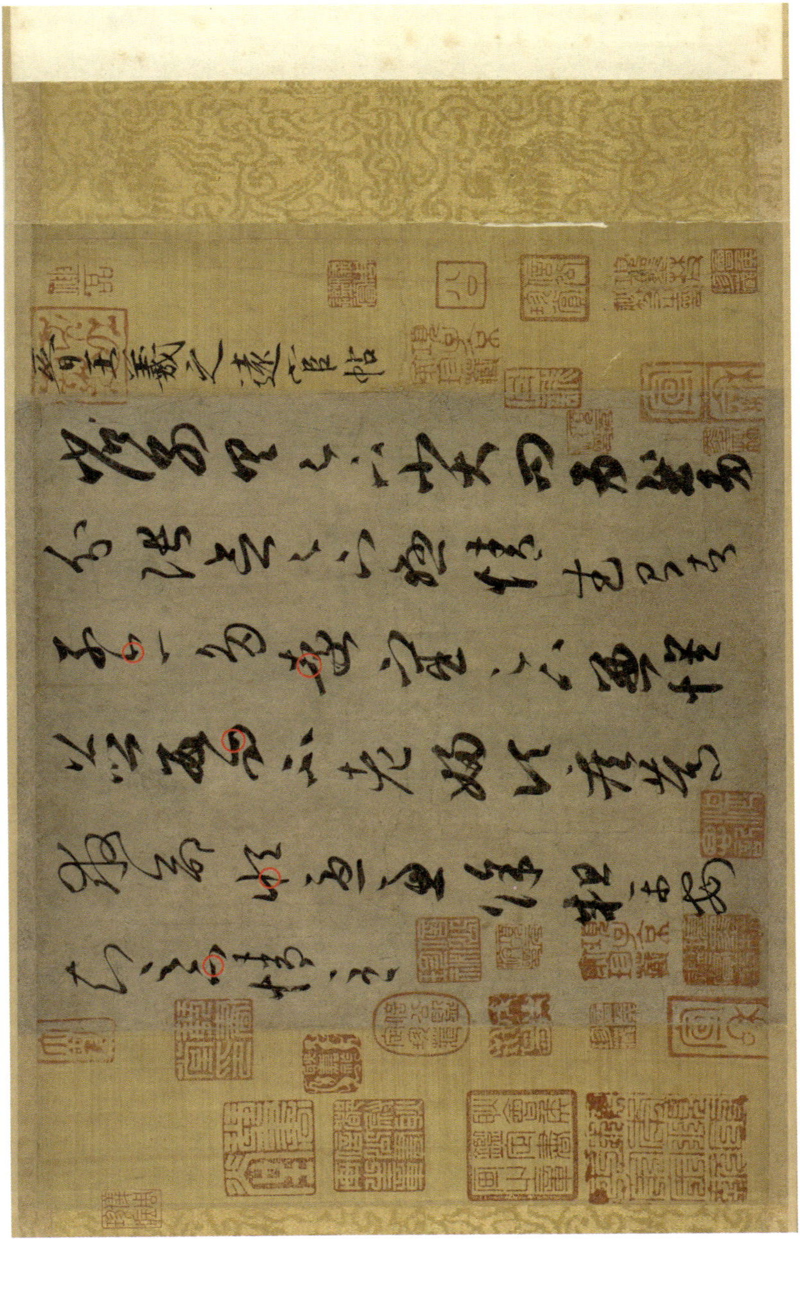

图 8-20：（晋）王羲之《远宦帖》（墨迹摹本）

世，把两者放在一起进行对比，连整体布局都不一样：墨迹本中每个字呈左右摆动状态，是很高明的空间处理技巧，在拓本中被弱化了，调整成了以直上直下为主的章法，大大降低了其艺术性；墨迹本第四行开头的“并”，在拓本中挪到了第三行末尾，之后每一行都有差异。

具体笔画差异也很明显，自《远宦帖》拓本和摹本选出部分字例进行分析（如图 8–21）。“分”的起笔在墨迹本中很清晰，但是在刻帖中模糊了，连是藏锋还是露锋都无法分辨。“子”起笔在刻帖中能勉强看出是露锋，但是入笔角度、行笔方向与墨迹本相比有很大不同。“远”竖画虽然是藏锋，根据横的连笔仍然可以判断出竖的起笔角度和行笔方向，而拓本改变了竖画起笔形态，横和竖之间的连笔也不见了，最明显的是长横中间的节笔在拓本中完全消失了。

图 8–21：（晋）王羲之《远宦帖》墨迹本及拓本笔画对比

5. 特殊运笔

对书法了解不多的人，可能无法根据笔画既有形态判断其书写方向和角度，即便是书法专业人士，遇到某些特殊运笔方法，也无从分析。例如，有人认为“摇腕”[①] 是书法的基础，并探索出与之相应行笔路线（如图 8–22），中间有特殊的转圈步骤，这在普通写法中是没有的，如果不是专门学习，一般人想不到这种写法，更不可能根据笔画形态直接推断出来。

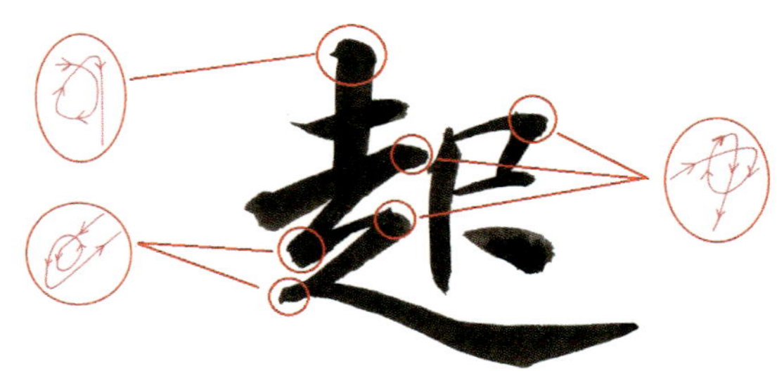

图 8–22：摇腕行笔路线图（笔者示例）

（二）关于反映书写速度

根据《笔迹规范》3.12 的规定，书写速度（writing speed）是指书写人通过书写运动器官控制书写工具进行书写运动的快慢程度。

书法中的书写速度并非极快或者极慢才好，而是讲究快慢有度、富有变化的节奏感。孙过庭《书谱》说：“至有未悟淹留，偏追劲疾；不能迅速，翻效迟重。夫劲速者，超逸之机，迟留者，赏会之致。将反其速，行臻会美之方；专溺于迟，终爽绝伦之妙。能速不速，所谓淹留；因迟就迟，讵名赏会！非其心闲手敏，难以兼通者焉。”[②] 这里讨论的就是书写速度。

---

① 书法界对摇腕的内涵和具体形式有争议。

② 黄简：《历代书法论文选》，上海书画出版社 1979 年版，第 130 页。

因为运笔是通过既成的线条状态反推书写速度，属于间接推断，所以有必要考察不同书写速度会形成怎样的线条。总的来说，书写速度越快，则笔画起收更锐利、线条边缘越平滑，留在纸面上的墨越少、墨渗入纸张的程度越低，其中，墨少且渗入程度低的，容易形成线条中间的露白。

影响线条状态的因素有很多，如：书写技巧很高的人能通过稳定的控笔能力，用较慢书写速度写得锐利而平滑；纸张生熟程度、墨的浓淡、蘸墨多少会影响渗入程度；纸张表面粗糙程度会影响露白的形成；等等。因此，恰当的书写速度要结合各种书写条件才能形成不同线条，由线条既成状态反推书写速度，必须结合书写工具、书写载体等各种因素进行综合判断。

表 8–6：书写速度等对线条形态的影响

影响因素	线条形态			
	墨渗入程度	露白	线条起收形态（锐利程度）	线条边缘形态（平滑程度）
书写速度	反相关	正相关	正相关	正相关
墨黏稠度	反相关	正相关	不相关	不相关
墨量	正相关	反相关	不相关	不相关
纸面粗糙度	反相关	正相关	反相关	反相关

笔毫的软硬也能影响书写速度，详情请参阅第九章的相关内容。

对于常见体式的书写速度，存在很普遍的认识误区，即认为书写

速度一定是楷书体 < 行楷体 < 行书体 < 行草体 < 草书体。从体式总体角度来说，这种印象是正确的，但是在具体书法作品中，有大量例外情况。例如，书法人士会用“小鸡啄米”来形容某些小楷的写法，意指其书写速度快。再如，元代赵孟頫书写速度很快，史料也记载他“日数万字而神气不衰”[①]，据赵的传世作品来看，其楷书的笔画也加入了行书体的写法，显得极为流畅，这应该是其书写速度快的主要原因。笔者经自行实验，在笔画加入行书体写法后的确能大幅提升书写速度（如图 8–23）。因此，要摒除先入为主的印象，不能以体式直接断定书写速度，而是依然要以线条形态作为主要判断依据。

（三）关于反映书写力度

根据《笔迹规范》3.13 的规定，书写力度（writing strength）是指书写人通过书写运动器官控制书写工具进行书写运动时的运笔压力的大小程度。

书法中的力度，如“力透纸背”[②]这样的说法，更多是指线条形态和线条质感综合作用下带来的审美感受。也有人认为“力度”暗含握笔必须有力的意思，唐朝张怀瓘在《书断》中记载王献之的故事：“子敬年五六岁时学书，右军从后潜掣其笔不脱，乃叹曰：‘此儿当有大名。’”[③]但这个故事的真实性是值得怀疑的，启功先生曾批驳：“一个

---

① （元）陶宗仪：《南村辍耕录》，齐鲁书社 2007 年版，第 205 页。

② （唐）颜真卿《张长史十二意笔法记》：“当其用笔，常欲使其透过纸背，此功成之极矣。”参见黄简：《历代书法论文选》，上海书画出版社 1979 年版，第 280 页。

③ 黄简：《历代书法论文选》，上海书画出版社 1979 年版，第 181 页。

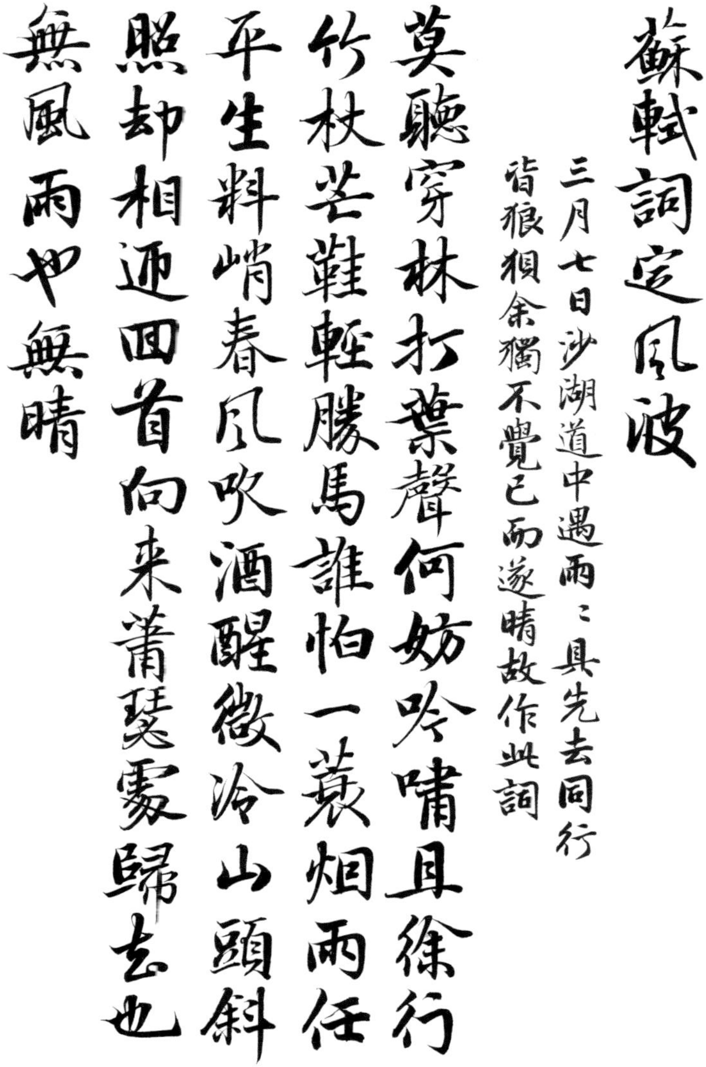

蘇軾詞定風波

三月七日沙湖道中遇雨々具先去同行

皆狼狽余獨不覺已而遂晴故作此詞

莫聽穿林打葉聲何妨吟嘯且徐行

竹杖芒鞋輕勝馬誰怕一蓑烟雨任

平生料峭春風吹酒醒微冷山頭斜

照却相迎回首向来蕭瑟處歸去也

無風雨也無晴

图 8-23：《苏轼词》（笔者示例）

壮年男子（指王羲之），居然拔不动小孩手里的一支笔，这个小孩必不是‘书圣’王羲之的儿子，而是一个‘天才的大力士’。”并评价这个故事：“真可谓流毒甚广了！”[①]

对硬笔来说，因为笔尖较硬，足以在纸张之类较软的书写载体上留下压痕，力度越大压痕越明显。毛笔远远达不到形成压痕的程度，实践中，有的书法家会刻意把毛笔用力砸到纸上，以出现墨汁飞溅等效果，并认为其符合王羲之的教导[②]。如果是尺寸较大且笔毫很硬的毛笔，有可能戳破被墨浸泡变软的纸张，但是这种损坏痕迹普通擦碰也足以形成，很难只根据损坏痕迹准确区分其成因。所以，通过“墨汁飞溅”等既有线条状态来推断书法运笔力度，比寻找压痕更有意义。

此外，我们常说的书法“顿挫有力”也有一定道理，因为在顿挫时，自然而然要比普通运笔更用力。顿挫是顿和挫两个连续动作的组合，顿是指用力下按笔毫，挫是重新提起笔毫使其聚拢后边行笔边按压。

（四）笔画的细微书写动作

《笔迹规范》4.8 列举了 13 种细微书写动作：起、收、转、折、连、绕、顿、提、摆、颤、抖、拖、带。书法中的笔法基本可以纳入上述范围，个别内容有所不同。例如，笔迹规范中的“转”是指笔画呈圆滑的连续弧形，即口语所称“圆转”。书法中有一种叫作“转笔”的

① 启功：《论书绝句》，生活·读书·新知三联书店 1997 年版，第 231 页。

② （晋）（传）王羲之《题卫夫人〈笔阵图〉后》：“其点须空中遥掷笔作之。”参见黄简：《历代书法论文选》，上海书画出版社 1979 年版，第 27 页。

笔法，对其内涵的理解不一，有人认为是指手指捻动笔管[①]，与笔迹规范中“转”含义不同，应当注意区分。

毛笔的线条表现能力远超硬笔，可以很方便地实现某些细微书写动的组合运用，让线条具体状态更丰富，这也导致通过线条状态反推细微书写动作更难。如图8–24，“静”字融合了起、收、转、折、顿、提、颤、抖、拖等细微书写动作于一体，这也是书法笔法复杂、线条变化多样的又一个典型例子。

《笔迹规范》4.9同时规定，笔迹鉴定实践中，要特别注意区分书写工具形成的“笔痕特征”与因书写条件等形成的非正常笔迹的变化特征。该规定可以和4.8结合起来看，细微书写动作形成的线条特征，容易和因书写工具、书写条件形成的线条特征相混淆。例如，笔锋长短、软硬不同，会极大影响线条特征，不同类型的书法需要用不同类型的毛笔[②]，经笔者咨询大量书法家并自行书写实验，证实某些线条特征并非由不同细微书写动作形成，而仅仅是因为毛笔不同而已。关于书写条件的影响请参阅第九章的相关内容。

九、笔痕

根据《笔迹规范》4.9的规定，笔痕是指书写过程中书写工具在字迹笔画中形成的综合反映书写工具结构特点和书写人书写动作特点的笔迹特征，并举例说明：“如用圆珠笔书写形成的油墨露白、堆积、间

① 参见孙晓云：《书法有法》，江苏凤凰美术出版社2022年版。

② 参见李兆志、李日超：《中国书法与毛笔》，北京出版社2015年版。

断、分裂等，其出现的部位、形态、分布特点等。”书法中也有露白、堆积、间断、分裂的形态，而且书法家会主动追求这些笔痕效果，有露白和分裂结合的“飞白”（如图 8–25），有部分间断的“节笔（截笔）”[①]（如图 8–20），有堆积的“涨墨”（如图 8–26），等等。

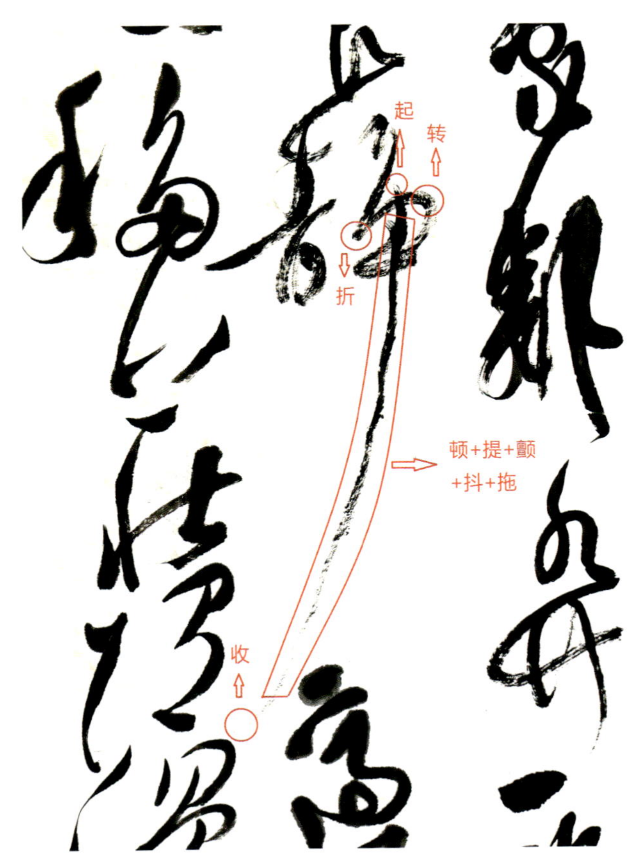

图 8–24：细微书写动组合运用（笔者示例）

① 关于截笔的形成有争议，有的认为是纸张折痕所致（书写介质说），有的认为是技巧所致（书写技巧说）。

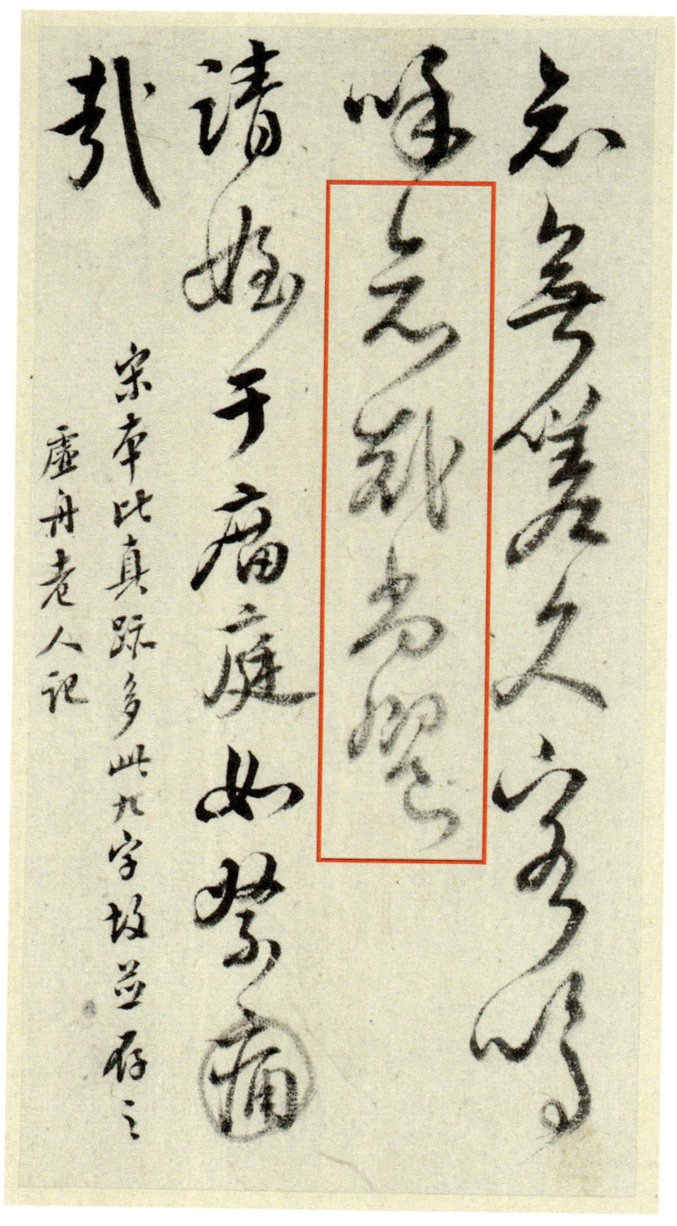

图 8-25：（清）王澍《积书岩帖》局部

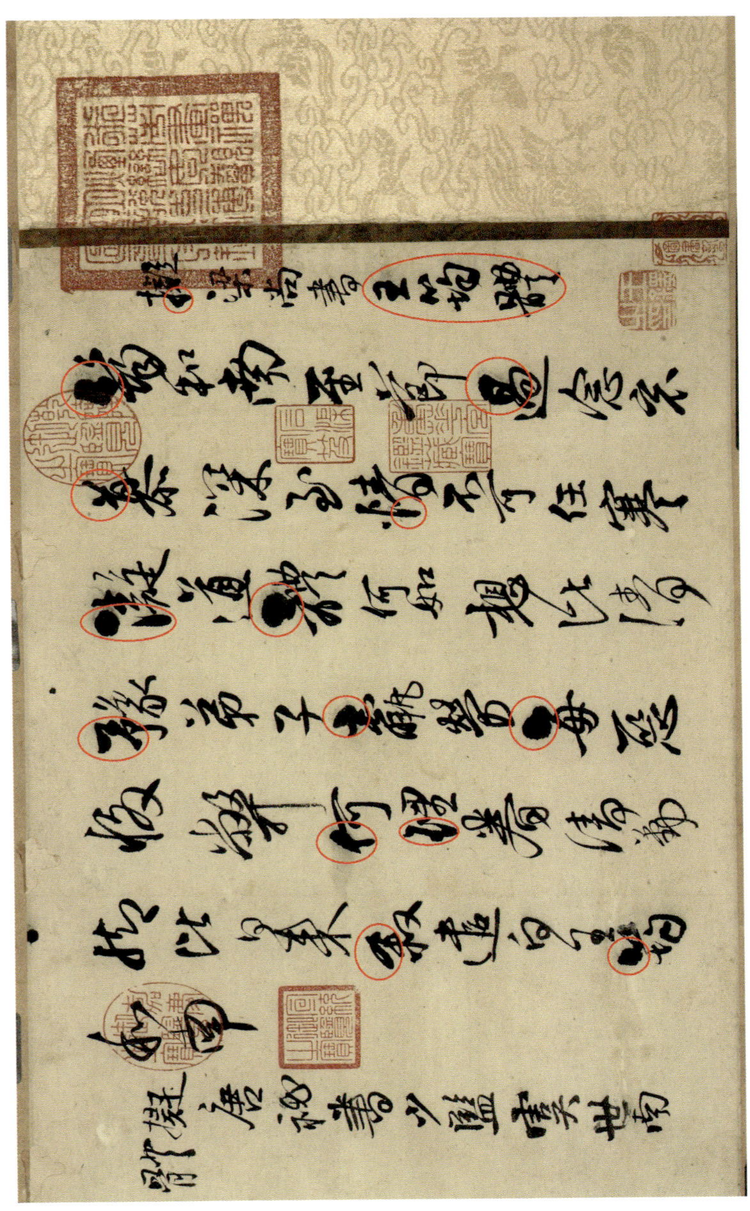

图 8-26：（明）王铎《拟古法帖》局部，日本大阪市立美术馆藏

第九章　检验操作及注意要点

和传统书画鉴定相比，笔迹鉴定的一个不同点是有明确的步骤规定，应当严格依照进行，原则上不得增减或者变更顺序，这是法律高度重视程序在笔迹鉴定中的体现。笔迹鉴定总体流程如图 9-1。

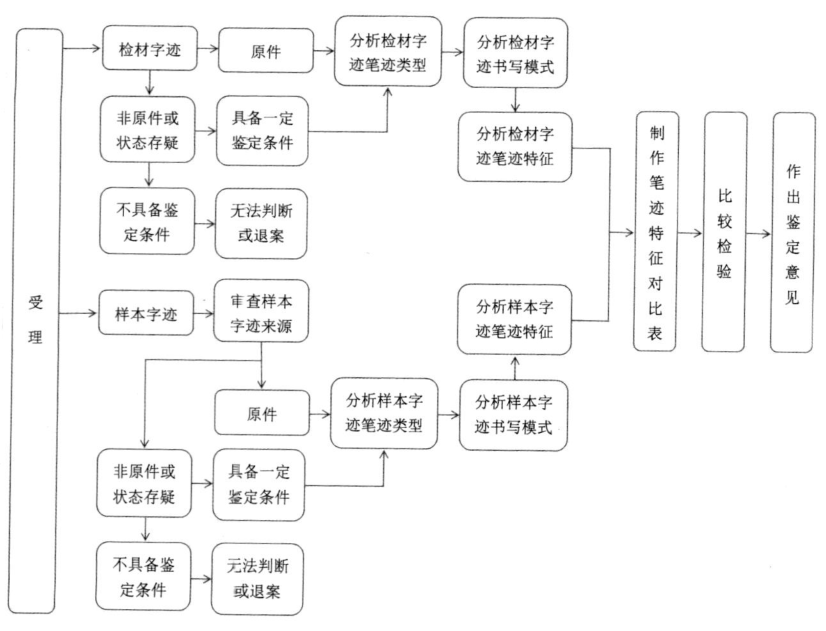

图 9-1：笔迹鉴定流程图

书法笔迹检验的主要方法是比对，这与传统书画鉴定模式没有本质区别，但是在鉴定方法、鉴定工具等方面更规范。与一般笔迹鉴定相同的内容，本章不再赘述，仅针对书法鉴定需要注意的地方予以简述。

一、样本字源的审查

根据《笔迹规范》5.3.1 的规定，应当根据以下四种类型的样本，审核样本字迹的书写人：

a）委托人当场提取的样本字迹；

b）鉴定人当场提取的样本字迹；

c）经过侦查、法庭质证等合法程序确认的样本字迹；

d）经对样本字迹进行比较检验，能与以上三种样本合并的其他样本字迹。

上述规定是为了确保样本字迹系书写人书写，如果条件允许，应尽可能按照 a、b 两种方式提取样本，其中，b 方式能体现鉴定人的亲历性，可信度最高，a 方式稍弱。实践中，有委托人提供声称是其当场提取的样本字迹，或者书写人亲自提供已经写好的字迹当样本，并声称是其亲笔书写，但实际上是他人书写。因此，对提取过程也要做适当审查，必要时要向书写人直接核实。在某些情形下，即便书写人承认样本系其书写，也未必属实。

如果因书法家不配合或者不在世导致无法提取样本的，就只能按照 c、d 两种方式确认样本效力，传世名迹绝大部分都属于这个范围。对于可靠作品存量足够的书法家来说，挑选出书写模式和书写条件与检材字迹相同或相近的样本字迹相对简单。更多情形下，时间相近的可靠作品数量并不充分，只能退而求其次，扩大备选范围，此时要注意筛选书法家贯穿不同时期的稳定特征。如果经过上述工作，样本来源可靠性、样本数量等条件依然无法满足，则必须以不具备比对条件为由，做出无法判断的鉴定意见或者作退案处理。

二、非正常笔迹检验

根据《笔迹规范》7.1 的规定，非正常笔迹（abaormal handwriting）分为三类：1. 条件变化类；2. 伪装类；3. 摹仿类。分述如下：

（一）条件变化类

根据《笔迹规范》7.2 的规定，笔迹鉴定实践中常见的条件变化笔迹，包括但不限于以下情形：书写模式的变化；书写工具的变化；书写衬垫物的变化；书写姿态的变化；书写环境的变化；书写人特殊的生理心理状态的变化，如老年人笔迹、帕金森综合征及其他书写功能障碍等；以上多方面要素综合作用，或其他特殊的客观因素导致的变化等。对上述情形，择要说明。

1. 书写工具的变化

书法工具有很多种类，对书法笔迹具有直接且较大影响的主要是笔、墨、纸，其中，笔的影响最大。不同毛笔写出来的特殊效果，容易被误判为细微书写动作形成的，要注意区分。如图 9–2，两行字系同一人在同一时期书写，左侧书写所用毛笔笔锋尖长，笔毫较硬，右侧书写所用毛笔笔锋适中，笔毫较软，其他书写条件类似。可以看到，左侧的字转折处常常在线条上方形成一个小凸起，右侧的基本没有，这个小凸起就是毛笔自身性质所致，并非由额外细微书写动作形成。

图 9-2：笔锋长短对书写效果的影响（笔者示例）

笔毫特性的决定因素主要是材料（动物毛发或化纤）的软硬和粗细（截面直径），其对书写的影响见表 9–1。

表 9–1：笔毫材料特性对书写的影响

材料特性	书写影响			
	线条边缘光滑程度	线条露白可能性	线条分裂可能性	书写速度
硬度	弱相关	弱相关	正相关	正相关
直径	反相关	反相关	正相关	弱相关

墨的黏稠度和纸张对书法笔迹的影响，上文已论及，这里稍作补充说明。

一是不同类型的墨写出的线条质感（肌理）不同，如图 9–3，书写所用的墨从左到右分别是墨汁、磨墨、墨膏，书写人、毛笔、纸张均相同。可以看到，墨汁书写的线条基本无层次感，磨墨层次感略好一些，墨膏层次感最明显，可以清晰地看出笔画书写先后顺序。

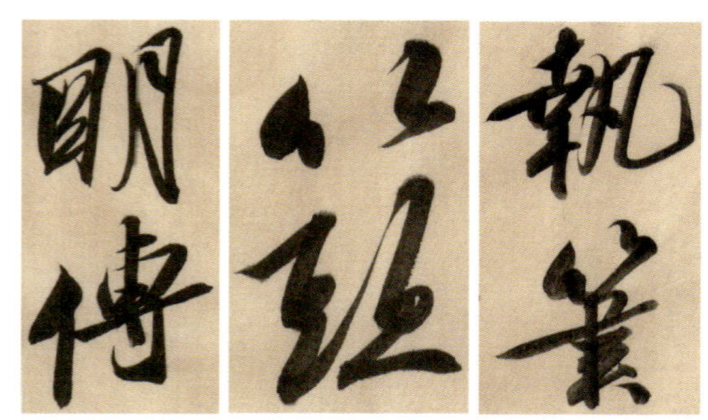

图 9–3：（从左到右）墨汁、磨墨、墨膏书写层次感（笔者示例）

二是书法家有时会故意把纸张揉团褶皱，然后再展平写字，线条自然出现破碎的效果（如图 9–4），遇到这种情形，要避免误判为细微书写动作所成。

图 9–4：纸张褶皱书写效果（笔者示例）

三是部分加工类纸张具有特殊纹理，需要仔细查看，以免遗漏，必要时借助仪器检测。常见特殊纹理有水印、印模压痕、描绘等。例如，宋代苏轼喜欢用当时流行的砑花笺纸，肉眼观察时，基本看不出痕迹（见图 9–5 上图），进行图像处理后，就可以清晰地看到有精美纹路（见图 9–5 下图、图 9–6）。特殊纹路工艺在当代也有广泛应用，有的书法家会专门定制留有暗记的纸张，以别真伪。

2. 书写人特殊的生理心理状态的变化

《笔迹规范》7.2 对该情形举例说明："如老年人笔迹、帕金森综合征及其他书写功能障碍等。"在书法中，有刻意追求特定风格的做法，容易和上述说明混淆。如上文提到过的黄庭坚颤、抖写法，到清末民初的李瑞清达到顶峰，据传在其写字时专门有书童摇桌子，以写出颤、抖效果（如图 9–7）。这种刻意的做法，也受到了一些批评，沙孟海曾评论："（李瑞清）涩得过分，变为颤了。更有甚于此的，一般学李瑞清的人，颤得过分，益发不成样子，弄得李瑞清的字愈加出丑。"[①] 再如，近现代书法家谢无量的书法"天质神秀""见稚拙之态，人称'孩儿体'"。上述例子都不是由书写人特殊生理心理状态变化造成的。

---

① 祝遂之编：《沙孟海学术文集》，中国美术学院出版社 2018 年版，第 31 页。

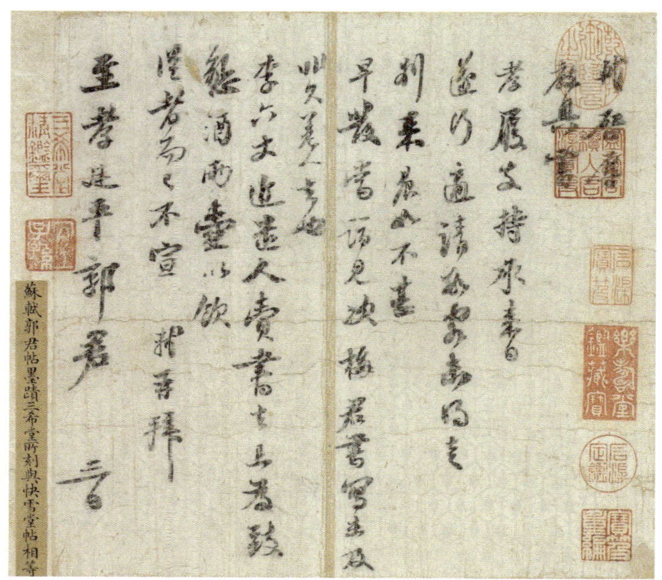

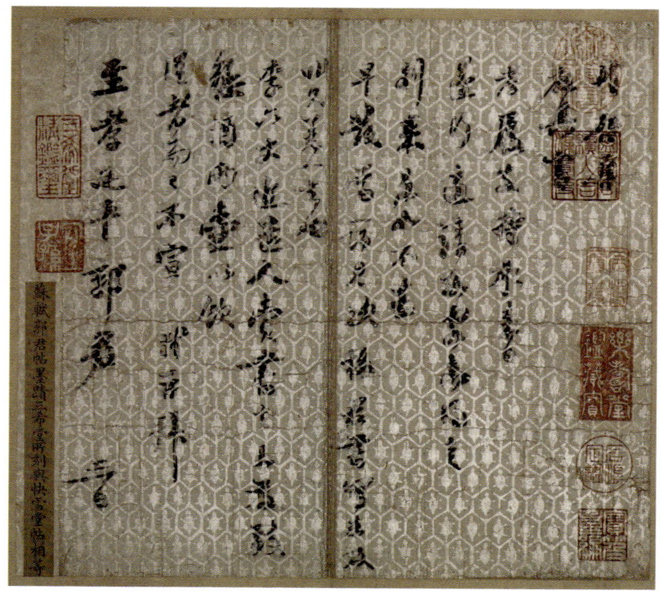

图 9–5:（宋）苏轼《致至孝廷平郭君尺牍》

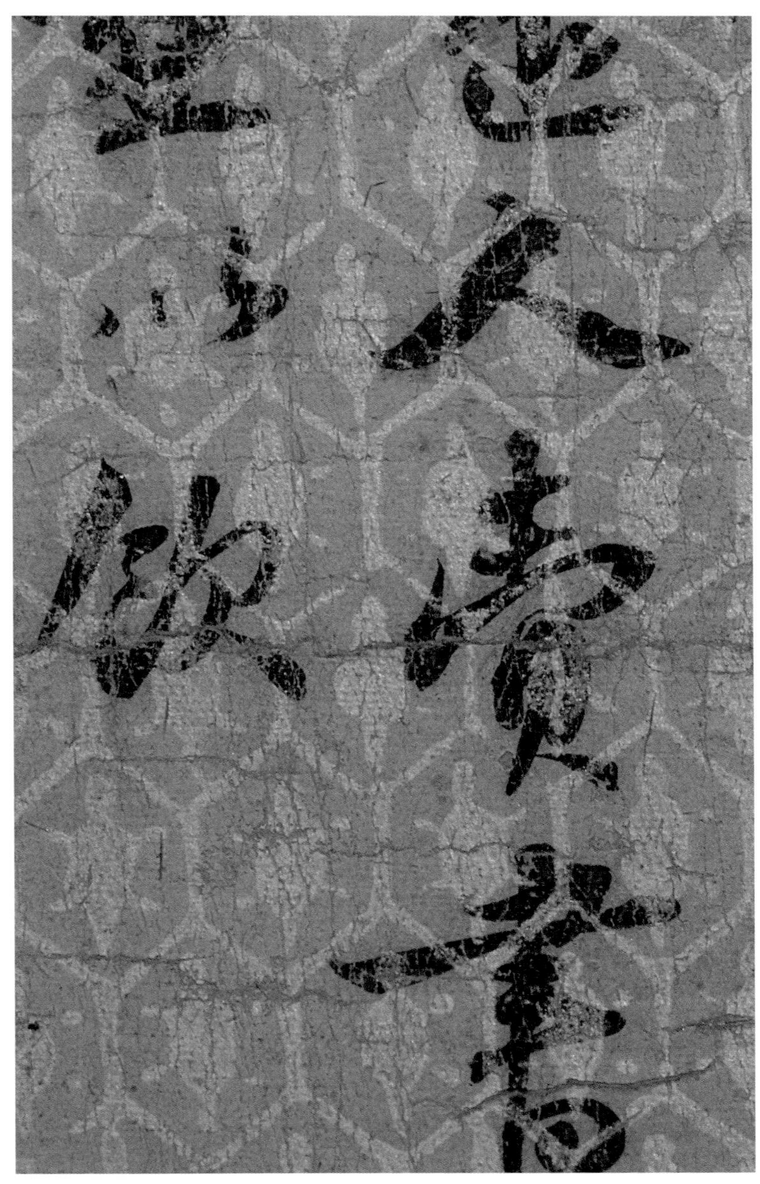

图 9-6：（宋）苏轼《致至孝廷平郭君尺牍》局部

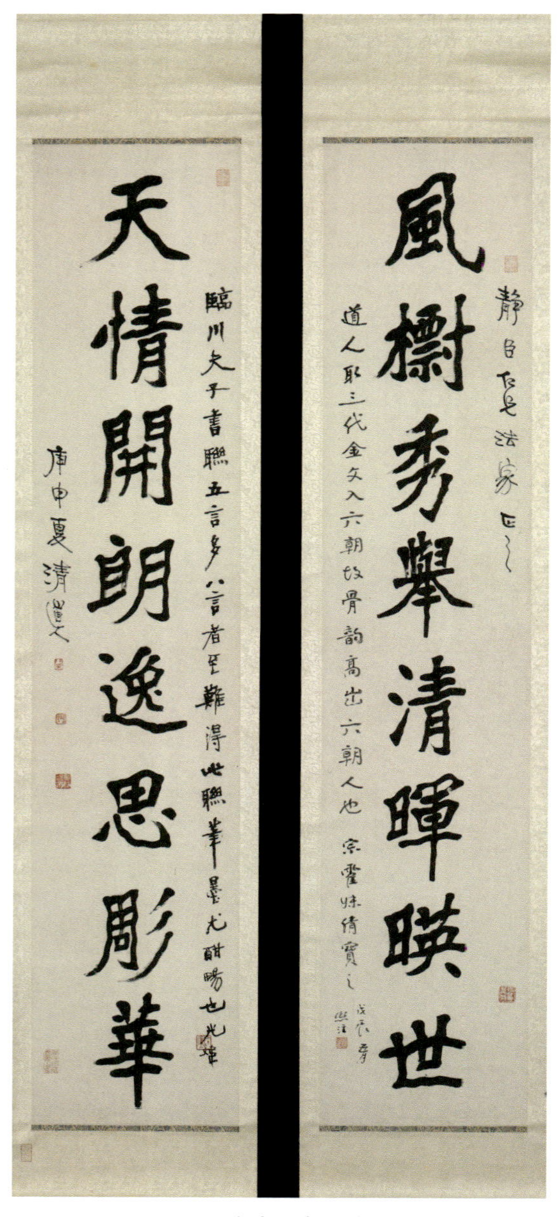

图 9–7：（清）李瑞清对联

（二）伪装类

《笔迹规范》7.3 列举了伪装笔迹检验的常见手段。在书法中，另有一种全凭臆想生造的作伪类型，最典型的是伪造某些并无书法传世的名人笔迹。因不具备比对条件，做出无法判断的鉴定意见或者作退案处理。

（三）摹仿类

《笔迹规范》7.4 列举了笔迹鉴定实践中模仿笔迹常见的摹仿手段，分述如下：

一是利用他人的笔迹摹本，采用边观察边仿写形成的临摹笔迹。

二是利用他人的笔迹摹本，进行描写形成的套描笔迹。临摹、套描在书法中分别称为“临”和“摹”，日常用语中合称“临摹”。临又称“对临”，是指“以纸在古帖旁观其形势而学之，若临渊之临，故谓之临”[①]；摹又称“描摹”，是指“以薄纸覆古帖上，随其细大而搨之，若摹画之摹，故谓之摹”[②]。笔迹规范并未采用这种区别，要稍加留意。

一般来说，临摹形成的笔迹容易带入书写人自己的书写习惯，整体上要比套描自然流畅，但是相似度较低。套描形成的笔迹与摹本相似度较高，但是会出现个人书写习惯和摹本相冲突的地方，自然流畅度不如临摹笔迹。

当然，决定临摹和套描相似度的，还是书写人的模仿能力。临摹本来就是书法基本功，也是学习书法最主要的方式，只要练习方法得当，书法人士的临摹功底一般都不会太差（如图 9–8）。如果以临摹

---

① （宋）黄伯思：《东观余论》，人民美术出版社 2010 年版，第 61 页。

② （宋）黄伯思：《东观余论》，人民美术出版社 2010 年版，第 61 页。

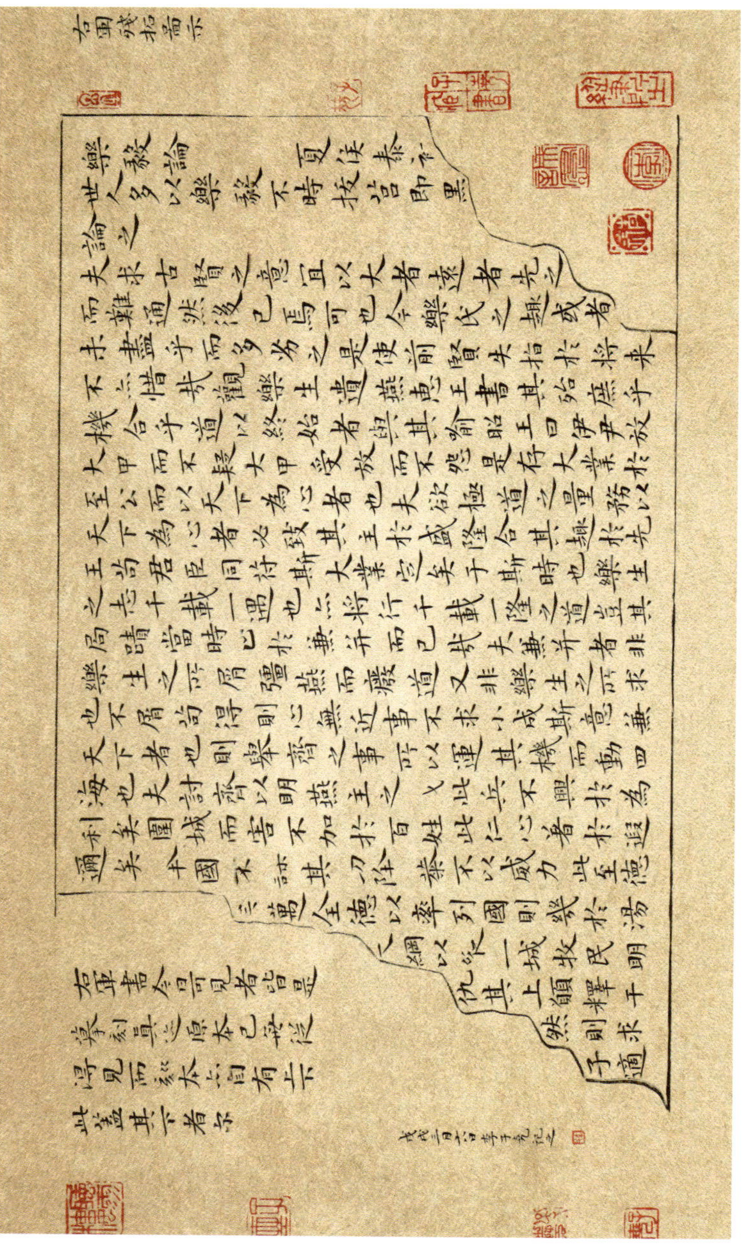

图 9-8：临（晋）王羲之《乐毅论》（笔者示例）

逼似为目标并长期训练，则模仿能力可以提高到远超常人想象的程度。历史上那些极为善于临摹的人，大体就是这种情况，他们的临摹行为既为书法艺术的保存和传播做出了巨大贡献，同时也形成了很多真假难辨的作品，例如前文提到过的《韭花帖》，目前可考证的就有三个版本，如果不是借助史料，仅看笔迹，专业人士也很难区分真伪。

三是对照他人的笔迹摹本，经过适当练习后凭记忆仿写形成的摹仿笔迹。这种摹仿书段在书法中叫作“背临”，容易带入书写人自己的书写习惯，整体上较为自然流畅，但是相似度较低。

四是混合采用以上方法或其他特殊方法仿写形成的摹仿笔迹等。例如响搨（向搨），是“以厚纸覆帖上就明牖景而摹之，又谓之响搨焉”①。具体方法是先双勾描摹笔画轮廓，然后填上墨。有的响搨高手不惜投入大量时间，摹仿极为逼真，赫赫有名的神龙本《兰亭序》就是用这种方法复制出来的。

书法中另有“意临”的概念，即“掌握一定书写技巧之后，对法帖有所取舍的临写”②。实际上，书法家的意临绝大部分都是自己的面貌，基本属于脱离原帖重新进行创作。图 9-9 是明代董其昌临三国时期钟繇的《力命表》，钟繇拓本原帖见图 9-10，对比之下可以发现，董氏的临本基本没有原帖风貌：空间布局完全改变，字句多处不同，单字结构和笔画形态也均有很大差异（如表 9-2）。说是临帖，实际上

---

① （宋）黄伯思：《东观余论》，人民美术出版社 2010 年版，第 61 页。

② 崔树强主编：《意在笔先：书法创作技法》，江西美术出版社 2017 年版，第 33 页。

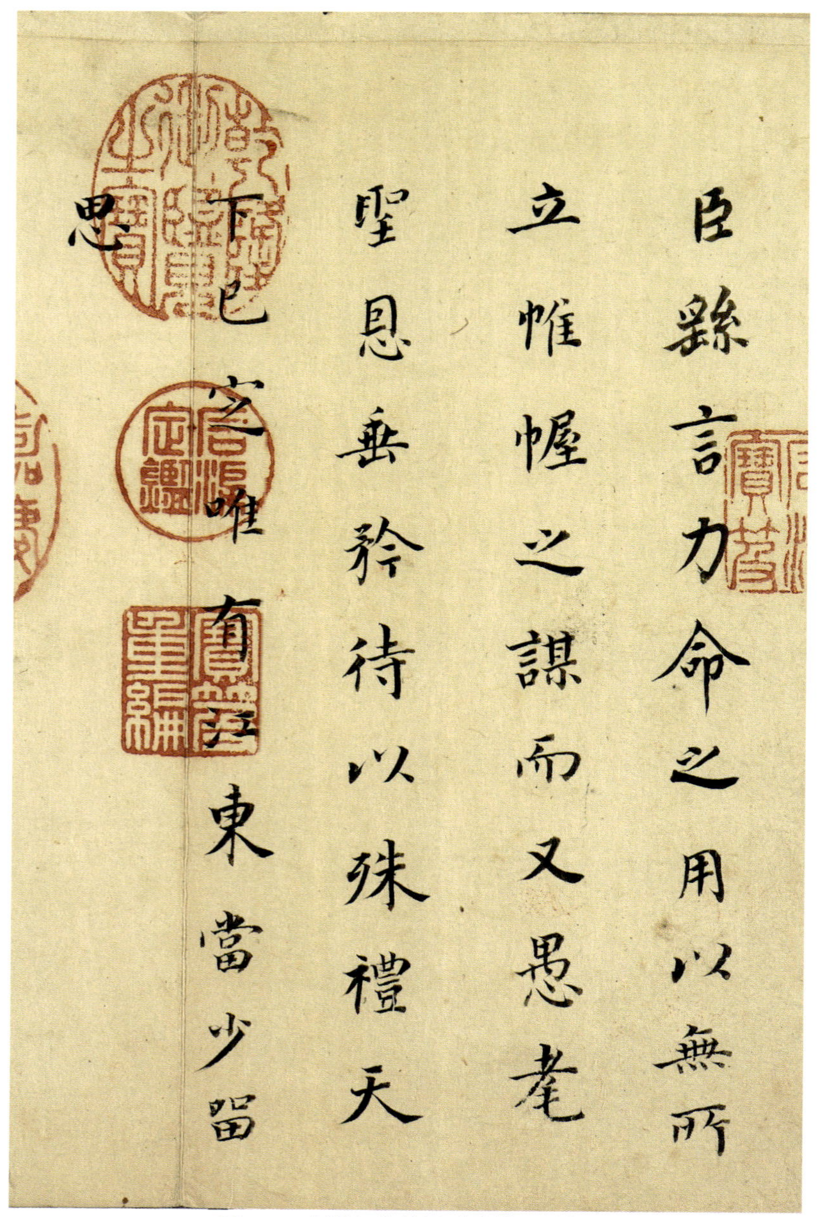

图 9–9：（明）董其昌《临钟王帖》局部

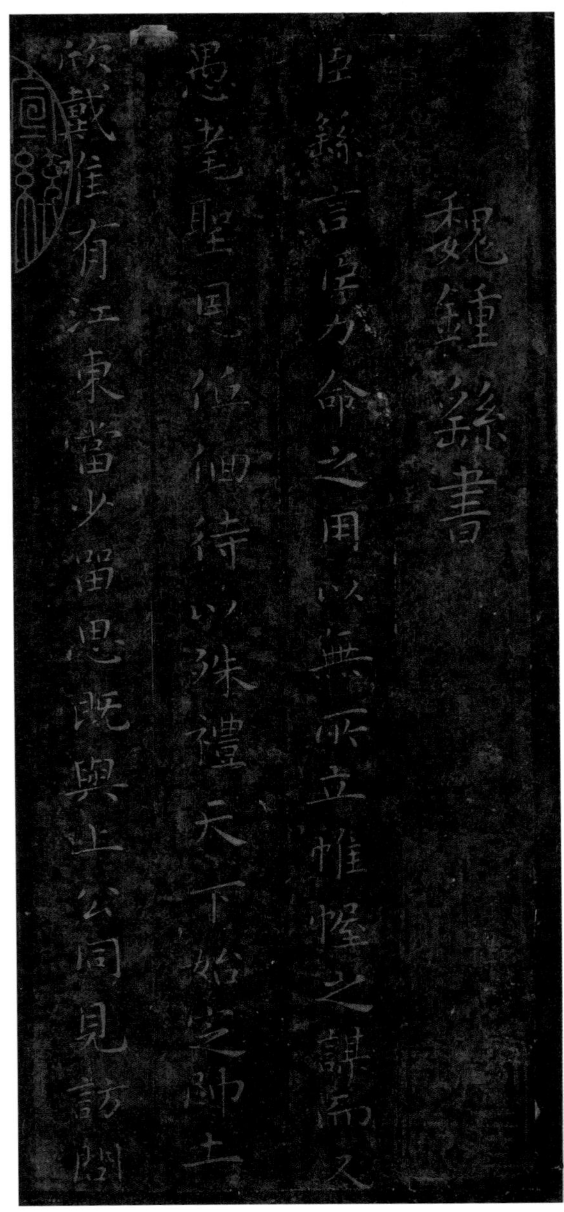

图 9-10：(宋)《淳化祖帖》钟繇《力命表》局部

表 9–2：意临对比字例

臣	縣	言	○	力	命
臣	縣	言	臣	力	命
之	用	以	無	所	立
之	用	以	無	所	立
惟	幄	之	謀	而	又
惟	幄	之	謀	而	又
愚	耄	聖	恩	無	矜
愚	耄	聖	恩	[illegible]	[illegible]
待	以	殊	禮	天	下
待	以	殊	禮	天	下

说明：1. 奇数行单字出自董临本，偶数行出自淳化阁本；2. 例字图片均作调色等处理。

应该是董其昌在《力命表》中挑选了部分字句，按照自己的习惯进行了创作，如果把某些单字单独拿出来，大概无法让人联想到是在临哪个帖。对于这类作品可以按照一般笔迹进行鉴定。

三、签名笔迹检验

首先要区分签名和写名。根据《笔迹规范》3.17 的规定，签名是指在文件上特定的部位（一般是在文件的落款处），亲笔书写的代表书写人个人身份的姓名、姓氏或特定书写符号的总称。根据3.18的规定，写名是指使用规范的文字，按照书写规则，在文件上非签名部位书写的姓名字迹。

笔迹规范同时注明，写名与签名既有联系，又有区别，写名一般书写较工整，辨识度高，但个性不强。

签名笔迹检验的主要流程和方式与一般笔迹鉴定类似，但是有自己的特殊性，《笔迹规范》8.1规定签名笔迹鉴定中宜尽可能了解与鉴定有关的情况，同时列举了几种情形：

a）有关当事人对检材签名形成过程的陈述；

b）有关当事人有无获取对方签名的条件；

c）当事人中谁提出鉴定，对整份文件还是对文件部分内容表示怀疑；

d）检材签名是否声称亲笔所写，有关当事人是否声称在场等情况。

上述规定体现了对签名笔迹鉴定的重视。签名在现实生活中也的确有一些不同于一般笔迹的特殊性：

一是签名的熟练程度普遍高于一般笔迹。这主要是因为很多人认为签名是门面，会刻意练习以写得美观。

二是签名具有较强的人身性，是伪造的重点对象。自古以来签名就是身份证明的重要方式之一，伪造签名的现象可谓横贯古今、遍布中外。

三是签名更个性化，其书写特征和一般笔迹差异较大。根据《笔迹规范》3.21 的规定，笔迹鉴定实践中，常见的签名模式包括：正写签名、反写签名、连写签名、略写签名、借写签名、画写签名及带日期的组合式签名等。

有些签名具有造型设计的特征，以彰显个性、强化防伪功能，甚至是逐渐符号化，脱离了汉字本身。如图 9-11，宋徽宗的签名属于特意设计，可以看作“天下一人”四个字的合体；八大山人的签名故意变形，看起来像是“哭之笑之”四个字的组合，以表达其遗民之思。

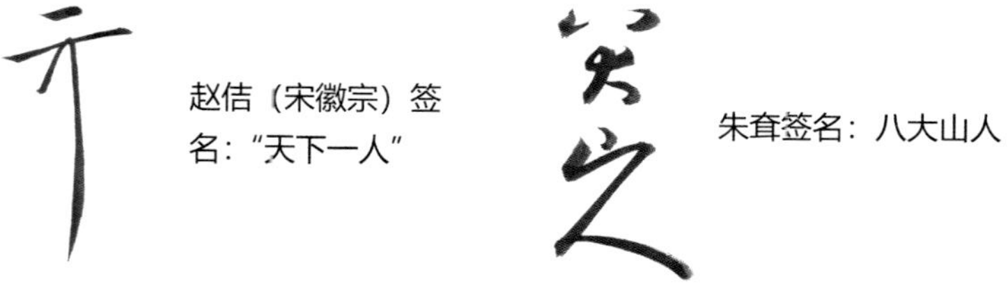

赵佶（宋徽宗）签名：“天下一人”

朱耷签名：八大山人

图 9-11：（宋）赵佶、（明末清初）朱耷落款形式（笔者示例）

第十章　鉴定案例

一、“君匋”款隶书作品综合鉴定分析

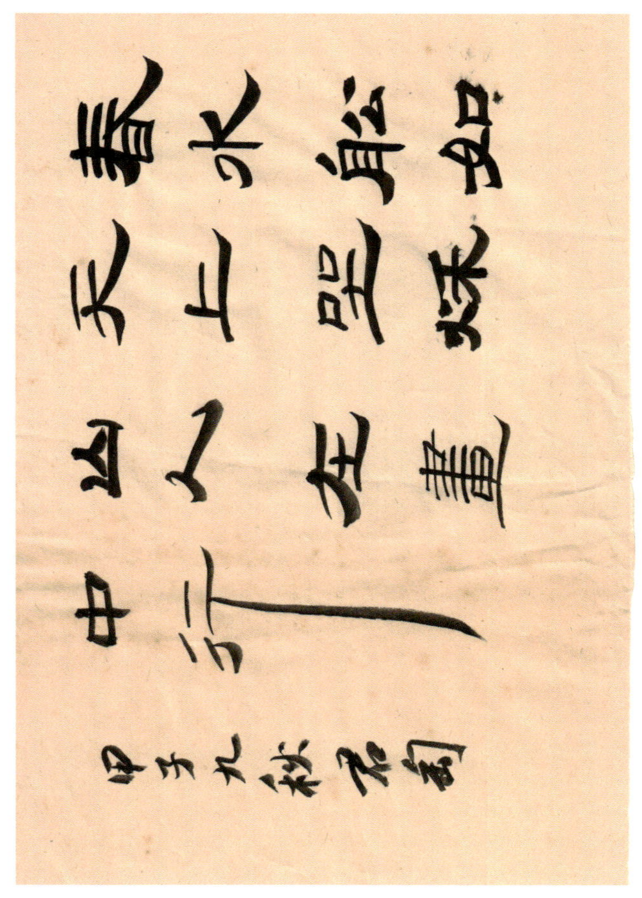

图 10–1：“君匋”款隶书作品（检材）

（一）检材作品概述及落款作者介绍

1. 整体情况

检材作品长303毫米，宽210毫米，属于小尺寸横幅，未托裱（如图10–1）。正文系隶书对联，内容为“春水船如天上坐，秋山人在画中行”，共计14个字，其中右下角“如”“秋”两个字墨沾到了笔画之外；落款系行书，内容为“甲子九秋君匋”，共计6个字，无印章。

检材作品在字距、行距、用笔、形体等方面都类似于近现代钱君匋先生书法成熟时期的风格，但是依然有许多细节与钱先生的书写习惯不符。

根据国家文物局《关于颁布1911年后已故书画等8类作品限制出境名家名单的通知》（文物博发〔2023〕13号），钱君匋先生名列“代表作不准出境者”。就尺寸、内容、字数、形制等各方面来说，检材作品都不足以认定为“代表作”，故不宜按照文物进行鉴定，进行笔迹鉴定更为适当。

2. 作品正文及落款言语习惯

正文内容属于较为常见的集联，上联出自唐代杜甫的诗《小寒食舟中作》[①]，下联作者佚名[②]，也有认为是化用了元代陈孚诗《衡州》中的诗句“人在潇湘画里行”，在字面和平仄上与上句配对[③]。

落款中的“甲子”是指甲子年。钱君匋先生出生于1907年[④]，一

① 参见闵泽平校注：《杜甫诗全集》，崇文书局2023年版，第1569页。

② 参见郭殿崇主编：《徐州古今楹联》，知识出版社1994年版，第150页。

③ 参见万竞君：《滨溪集》，天津古籍出版社2022年版，第201页。

④ 钱君匋先生生平参见吴光华：《钱君匋传》，北京美术摄影出版社2001年版。

生中经历了1924年和1984年两个甲子年，但是1924年时，钱先生尚未形成如检材中的书法风貌，故此处应该是指1984年，在选择样本时需尽量靠近这个时间。“九秋”一般是指九月，书法家在落款中常用各月雅称，如九月也称“菊月”“霜序”等。

3. 落款作者介绍

钱君匋是我国近现代著名书籍装帧艺术家、书画家、篆刻家，浙江桐乡人。在书法艺术方面，钱先生成就卓越，擅长多种书体，风格独特。其楷书端庄秀丽，笔法严谨细腻；篆书古朴典雅，线条圆润饱满，结构严谨规整；隶书是其书写风貌较为突出的类型，雄浑大气，既能写规矩严整的汉隶，也能写灵活生动的简帛体，其中，简帛体风格的作品较多；行书是其书法艺术的又一亮点，行笔流畅自然，笔势奔放洒脱，富有韵律感。在书写过程中，钱先生注重笔画粗细变化和墨色浓淡对比，使作品更具艺术感染力。

（二）细节分析

1. 纸张

检材作品纸张尺寸与当代通行的A4（长297毫米，宽210毫米）打印纸类似，纸质较脆硬，应系早些年的日常用纸。书法用纸一般稍软且韧性较强，与此不同。

纸张边缘裁剪不整齐，纸心略有褶皱。表面偶见植物纤维（如图10–2），透光观察未发现帘纹，因此应该是以植物纸浆为原料、用现代化机器制作而成，俗称“机器纸”。

图 10–2：检材纸张植物纤维

纸张无明显氧化，有较小的圆点状或块面状斑点，斑点分布不均匀，颜色为浅黄色至深褐色不一（如图 10–3），应系人工染色做旧。纸张做旧方式较多，化学药剂做旧一般有刺鼻气味，光照做旧会导致纸张变脆易碎，染色做旧则很难做到变色自然，仔细观察不难判断。

   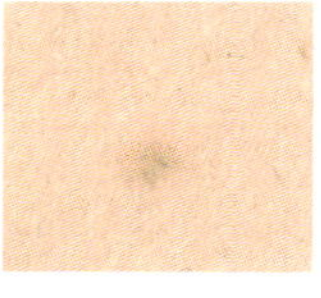 

图 10–3：检材纸张表面斑点

纸性偏熟（约九分），在墨有浓淡变化时，均无洇晕情况，纸张背面亦无墨迹渗透。

钱先生写字用纸有一定规律性，写较大的字一般选用较生的纸，笔画更显沉稳浑厚；写小字一般用书画类信笺纸，纸性偏熟，偶尔也用带横线的普通信笺纸。

2. 墨

墨色黑度高，应系油烟类或工业炭黑类墨汁。“春水船如天上坐”墨色较浓，在光照时可反光发亮，“秋”字墨色稍淡，“山人在画中行”及落款“甲子九秋君匋”墨色一致，均较前文淡一些。部分笔画墨色对比如图 10–4。

图 10-4："春""秋""在""九"（自右向左）局部墨色情况（调整亮度、对比度后）

合理的推断是，书写者第一次蘸墨后连续书写了前 7 个字，其中写“春”字时墨量最多，因此墨色显得最黑最亮。之后在墨汁中加入适量清水，第二次蘸墨后从“秋”字一直写到落款，未再另外蘸墨，其中写“秋”字时，因为墨量很足，所以墨色比后面的字更黑亮，但是又比前面的字略淡。墨色变化透露出书写者一个重要书写特点，即习惯蘸较多的墨，如果是在偏生的载体上书写，会出现明显洇晕。

需要说明的是，书写使用的是墨汁还是墨块，并不是判断检材作品真伪的决定性因素。就现当代书法家而言，墨汁的使用更为普遍，但是偶尔也有磨墨写字的。可能有人认为钱先生受过旧时私塾教育，更习惯于磨墨写字，这有些想当然了。其实书画用墨汁在钱先生出生 40 多年以前就已经出现并迅速流行，经查阅钱先生的图片和视频资料，钱先生也的确使用墨汁进行创作。

3. 笔画及其可能的书写工具

检材作品笔画较流畅自然，书写水平较高，透光观察笔画无描补，可以排除勾描的可能。但是检材字迹笔锋明显，起笔处形态较细碎（如图 10-5），所使用的应该是笔尖分明、具有一定硬度的兼毫或者狼毫新笔。钱先生写的简帛体隶书尺寸一般较大，喜用长锋羊毫笔，写小字所用毛笔笔锋短一些，但是也较软，所以起笔处很少有细碎的形态。

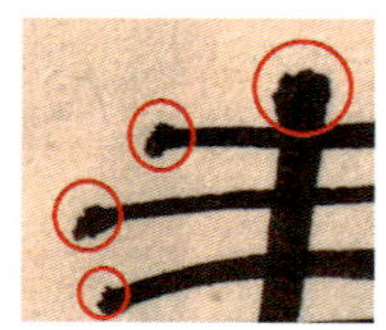
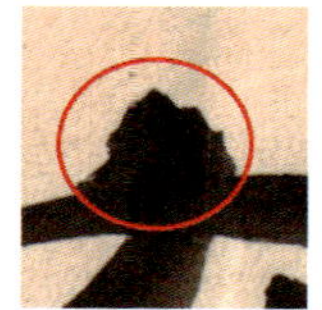
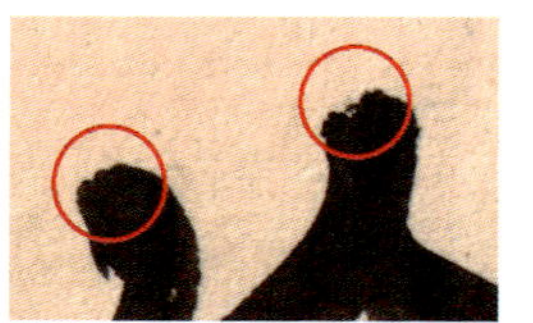
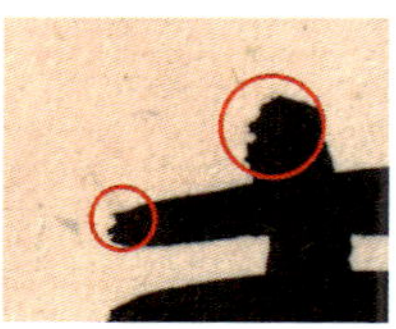

图 10–5：“春”“山”“在”“画”（自右向左）局部起笔细碎形态

钱先生写字有一个明显的笔痕特征，即喜欢使用飞白，形成大量露白状态，这是较快书写速度和纸笔性质相互配合的效果。而检材中完全没有露白，即便是笔画最为舒展的“行”字末笔也是如此，因此行笔速度不会太快。只要有模仿他人笔迹的意识，就不可能完全放开，总有一些笔画会稍显迟疑。

4. 关于用印

检材中没有用印也值得高度怀疑。检材右边距（最右侧的字到右侧纸边的最小距离）为 12 毫米，左边距为 42 毫米，左边距明显大于右边距。从理论上来讲，左边留出了足够的用印空间，但是并未用印，原因不明。

文人书法作品用印兴起之后，已经成为惯例，印章被视为完整书法作品的一部分。书法高手在写作品时会提前考虑用印位置，或者通过用印弥补书写过程中的某些缺憾，这是谋篇布局的重要技巧。

考察钱先生不同时期书法作品，也是遵循用印规律的，如检材这种单独的书法作品居然没有印章，极为罕见。只有在钱先生日常实用性书写中，如与亲友的书信往来，用印和不用印两种情形才都存在。

5. 写法和形体

检材作品中不同于现行规范字的特殊写法共计 10 处，均系书法范围内约定俗成，并非书写错误。其中，“舩”右侧“公”的用笔和结字都属于楷书写法，在整幅作品中较为突兀，不符合钱先生的书写习惯。

表 10-1：检材写法与规范写法比对表

检材写法	山	秌	坐	舩	水
规范写法	山	秋	坐	船	水
检材写法	匋	九	行	畫	在
规范写法	匋	九	行	畫	在

说明：图片均作调色等处理。

个别笔画写法不符合钱先生的书写习惯。如检材中“人”字长捺的收笔处写成回勾形态，实际上应该按照一定角度向右或者右上方扫出。

关于部分字的形体。钱先生同时期简帛体书法的单字多横向舒展，字形较扁，检材作品中很多字呈纵向舒展，字形相对较长，如“山”字。再如，钱先生写“秋”字时，“火”要比“禾”小很多，这一习惯在其后的书法创作中一直存在，而检材中的“秋”字写法明显不符。

此外，还有其他一些不同处，不再一一论述，详见检材字迹与样本字迹特征比对表（表 10–2）。

表 10–2：检材字迹与样本字迹特征比对表

检材	样本
春	春
水	水
船	船
如	如
天	天 天
上	上 上
坐	坐
秋	秋 秋 秋

续表

检材	样本
山 人 左 畫 中 行	山 山 人 人 人 左 畫 中 行

续表

检材	样本

说明：1. 样本应使用原迹或可靠复制本。考虑到版权问题，这里的样本由笔者参考钱君匋 1983—1985 年书法作品自行书写；2. 图片均作调色等处理。

6. 结语

较大尺寸的书法作品适合悬挂欣赏，兼有装饰室内空间的作用，早些年更受收藏界欢迎。随着收藏市场发展，书法作品价格飞涨，在单价（每平尺价格）固定的前提下，大尺寸作品总价较高，流通性弱化，而小尺寸作品总价较低，普通群众也有购买的可能性，因此交易增多，进而催生出了一批伪作。

这类伪作一般具有以下特点：伪造对象多为近现代或者当代名人（不限于书法家）；尺幅较小，便于近距离欣赏；伪造水平差异大，既有专业书法家水准的，也有乱写一气的；书写内容五花八门，以日常书写类型为主，如日记、书信、题签、随笔、投稿、名人名言等。

检材作品即属于此类水平较高的伪作，用笔熟练、结字稳定，大概率是对照真迹临摹而成。

二、“朱复戡”款金文作品综合鉴定分析

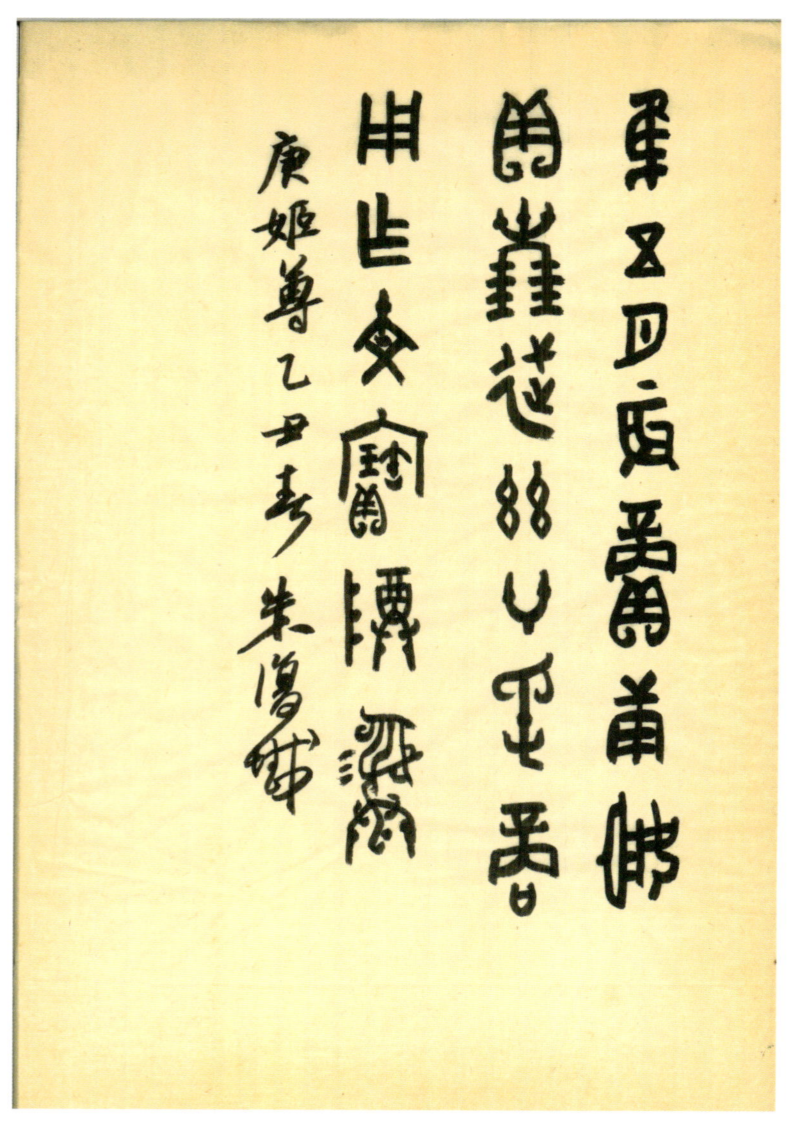

图 10–6：“朱复戡”款金文作品（检材）

（一）检材作品概述及落款作者介绍

1. 整体情况

检材作品落款为“朱复戡”，整体来看也的确是近现代朱复戡先生的书写风貌。作品长 249 毫米，宽 348 毫米，属于小尺寸竖幅作品，未托裱（如图 10–6）。正文系庚姬尊铭文。庚姬尊，又名商尊，西周早期青铜器，高 30.4 厘米，口径 23.6 厘米，底径 16.7 厘米，铭文共计 5 行 30 字[①]。

检材作品正文共计 3 行 20 字，布局与铭文不同，单字尺寸明显大于铭文。正文文字释读可参阅相关资料，兹不赘述。落款系行书，内容为“庚姬尊乙丑春朱复戡”，共计 9 字，无印章。

从整体气息来说，检材作品类似于朱先生书法成熟时期的风格，字距、行距、正文和落款书体等方面都符合其特点。但是否系真迹，仍需进一步考察。

根据国家文物局《关于颁布 1911 年后已故书画等 8 类作品限制出境名家名单的通知》（文物博发〔2023〕13 号），朱复戡先生名列“代表作不准出境者”。就尺寸、内容、字数、形制等各方面来说，检材作品都不足以认定为“代表作”，故不宜按照文物进行鉴定，进行笔迹鉴定更为适当。

检材作品正文系金文，绝大多数人应该都不具备释读能力。在这一案例中，我们将尝试在不释读文字的情况下进行分析，并讨论如何对陌生的书法类型进行鉴定。

---

① 参见马承源：《商周青铜器铭文选》，文物出版社 1988 年版，第 94 页。

2. 作品正文及落款言语习惯

正文内容比铭文原文少了四个字（丁亥帝司[①]），但是这一点并不能作为判断真伪的必然依据。书法家在临摹时，既可以尽量忠实于原作，也可以随心所欲摘取其中一部分按照自己的习惯书写，内容和原作不一样属于正常情况。

经检索资料，朱先生至少写过两次庚姬尊铭文，一次是于 1978 年 9 月，分四行书写了全文，附有两行小字楷书释文；另一次是于 1984 年 8 月，分三行书写，恰好和检材作品一样少了“丁亥帝司”四个字，但是多了一个“日”字，落款时间和检材作品极为接近，章法布局也类似。两次临作都在落款中题为“商尊”，而检材作品题为“庚姬尊”，似与朱先生言语习惯不符。

落款中的“乙丑”是指乙丑年。朱先生 1902 年出生[②]，一生中经历了 1925 年和 1985 年两个乙丑年，但是检材作品更符合朱先生晚年生拙的特点，故在选取样本时以 1985 年为时间中点。

3. 落款作者介绍

朱复戡是我国近现近代著名篆刻家、书法家，原名朱义方，字百行，号静龛，40 岁后更名起，字复戡，以复戡字行，浙江鄞县（今属宁波市）梅墟人，后迁居上海。曾任中国书协名誉理事、西泠印社理事等职务。擅长多和书体，尤擅篆籀，古拙雄劲，厚重朴实，据说其

---

① 也有意见认为“司”应为“后”，暂从《商周青铜器铭文选》释文，第 94 页。

② 朱复戡先生生平参见侯学书：《铁笔神童 朱复戡传》，上海书画出版社 2002 年版。

风格的形成得益于吴昌硕。朱先生把篆籀笔意融入行草书，以实现碑帖融合，所以其行草书也很有金石味道，一丝不苟，笔笔交代清楚，线条直来直往，干脆利落。

（二）细节分析

1. 纸张

检材作品纸张较薄，纸质细致绵软，韧性较强。纸张边缘裁剪整齐，略有褶皱。透光观察有明显帘纹（如图 10–7），应该是以传统工艺制作的皮纸类书画纸，俗称“手工纸”。

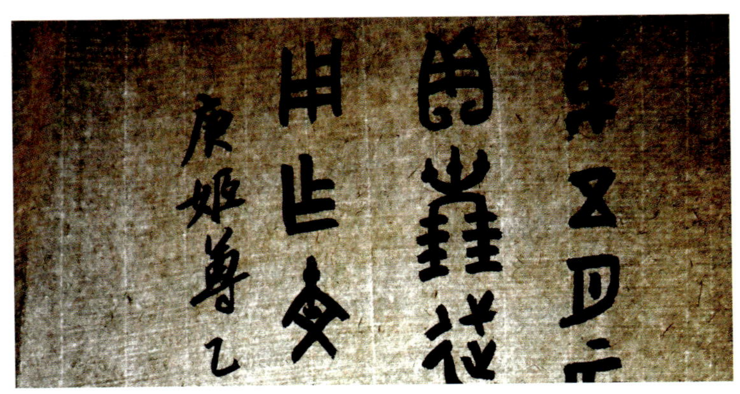

图 10–7：检材纸张帘纹（透光检查）

纸张周边明显氧化泛黄，颜色自中间向边缘逐渐加深，过渡自然，应系自然氧化。纸张背面略有墨迹渗透（如图 10–8）。皮纸一般是半生熟，而检材作品所使用的皮纸约七分熟，也间接证明其具有一定年份。除有涂层的工艺纸之外，其他新纸存放一段时间后会逐渐变得更熟，吸水性变弱，即便是吸水性很强的生宣也是如此，书法界称之为“去火”。

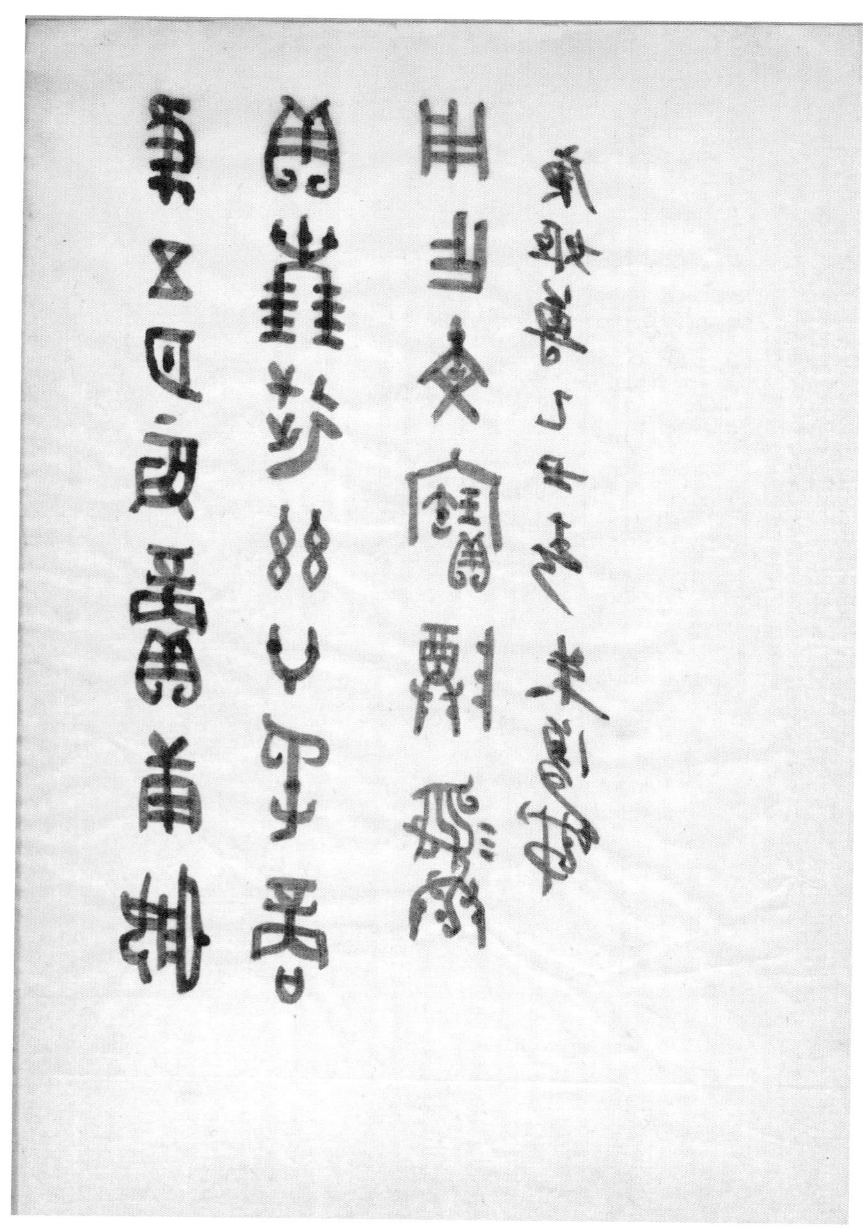

图 10-8：检材作品背面情况

2. 书写工具

检材字迹较为内敛，所使用的应该是笔锋长度中等的毛笔。墨色黑度高，应系用油烟类或工业炭黑类墨汁书写，正文及落款墨色一致，通篇无明显墨色变化。通过观察纸张正面和背面墨迹情况，大致可以推断书写者蘸墨至少三次。

3. 笔画及其可能的书写工具

朱先生写字善用飞白，作品中处处可见。行草书写速度快，固然容易写出飞白；金文书写速度稍慢，但是朱先生喜欢用浓墨，蘸墨量较少，依然可以形成飞白效果。

检材作品笔画较流畅自然，书写水平较高，透光观察个别笔画有描补（如图 10–9）。整幅作品基本没有飞白，墨稍淡，蘸墨量较多，与朱先生书写习惯不符。

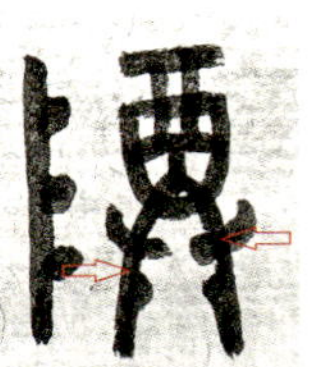

图 10–9：检材作品笔画描补情况（图片均作调色等处理）

4. 检材作品章法布局

检材作品的章法布局与铭文原文不同，这一点并不属于判断真伪的关键依据。书法家会根据自己的理解，选择临摹的具体表现形式。考察朱先生其他临摹作品，也并非亦步亦趋、以复刻为能事，而是带有个人价值观的取舍，字法、章法有变化实属平常。

检材作品章法布局大体符合朱先生书写习惯，但是全篇偏居纸张右上，左下空白太多，显得布局不当；第二行和第三行之间的行距明显大于第一行和第二行之间的行距，布局上显得不和谐；没有用印也是一大疑点，理由同上一案例相关分析，不再详述。

5. 写法和形体

受时代背景影响，不同时期和地域的金文写法有差异，变化较多，朱先生在临摹时也会参照临摹对象的不同写法，形体各有不同，所以按照写法和形体差异判断金文临摹作品真伪非常难。对于这种陌生类型的鉴定对象，可以暂时忽略具体文字的释读，也可以忽略其整体写法和形体，转而拆解其书写元素，通过观察笔画起收、转折、搭配等关键细节，寻找具有比对价值的特征点。例如，检材作品的笔画起笔角度较倾斜（如图 10–10 圆圈处），朱先生一般写得较齐整且圆润；横画左低右高倾斜明显（约 15°，如图 10–10 斜线处），朱先生写得较平直，略带左低右高（约 5°）；6 号字方框处横画部分夹在两侧竖画之间，朱先生习惯把横画写长，覆盖住两个竖画，等等。还有其他一些特征点，仔细观察不难发现，不再一一详述。

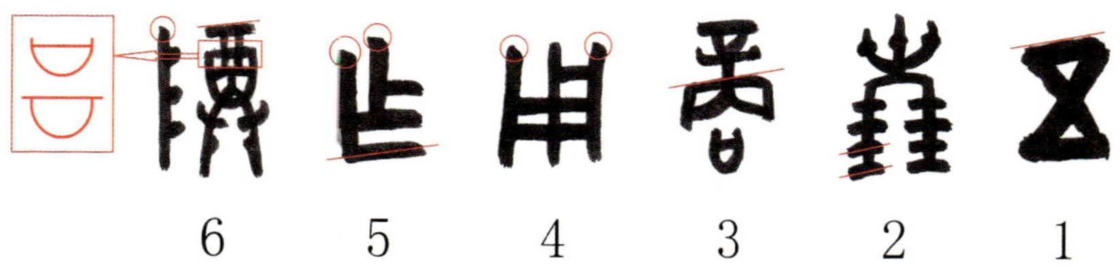

图 10–10：检材作品部分特征点示例（图片均作调色等处理）

落款系行书，观察其写法和形体相对简单。较为明显的疑点是“戡”字的写法：检材作品中“戡”的横（如图 10–11 左侧箭头标注处）写成了两部分，而朱先生同时期作品只写一个长横（如图 10–11 右侧红色标注处），属于具有个人特色的写法。

图 10–11：检材作品部分特征点示例（图片均作调色等处理）

6. 结语

朱复戡外孙女孙晓云也是著名书法家，于 2021 年 1 月当选中国书法家协会第八届主席团主席，是该协会成立以来第一位女性主席，社会对孙女士及其外祖父朱先生的关注度猛然增加，再加上祖孙二人书法水平过硬，自然深受艺术市场欢迎。不良商人闻风而动，于是近些年收藏界出现了不少朱先生的伪作。

检材作品属于水平较高的伪作，整体显得自然流畅，用笔、结字都和朱先生的书写习惯类似，乍一看很像真迹，再加上内容是小众化的金文，如果不仔细观察很容易误判。书写者应该是事先仔细揣摩过伪造对象的特点、精心挑选过书写工具，只是不知为何没有仿制用印。

另考虑到作品整幅偏居纸张右上、纸张较薄（便于透光）等情形，书写者应该是把纸张覆盖在真迹原稿或高质量复制件上进行了套描，大多数笔画一笔成型，类似于自然书写，而且故意改变了其章法及落款内容（笔者倾向于认为套描对象是朱先生于 1984 年 8 月的临作），以区别于原迹。如在实务中遇到这类作品，务必深入研究，避免仓促下结论。

后 记

2012年前后，笔者在办案实践中遇到书法作品真伪认定问题，由此萌发了撰写专著的想法。彼时书法笔迹鉴定的研究极少，专著应该尚属空白。在迅速初拟了大纲之后，因工作繁忙等原因一直未能敷衍成篇。今年决定重新拾起，却发现已经有邓斌先生《中国书画的司法鉴定》（2020年8月出版）、卢齐轩先生《笔迹学视域下的书法鉴定》（2021年5月出版）两部专著面世。于是，笔者对初拟大纲进行了修订，以笔迹鉴定规范性文件既有体系为基本脉络，以笔迹学和书法学相互阐释为主要方法，以实践需求为导向，确定了全书撰写结构和侧重点，并在较短时间内完成了书稿。

在最初计划中，拟全部使用古人书法作品图片进行分析，这些作品大多保存于各收藏机构。后考虑到所需图片众多，相关授权难以在短时间内完成，因此主要使用了台北故宫博物院 Open Data 专区的图片，在此表示感谢！其他示例图片均由李军磊和臧宗兴共同书写。

本书在撰写过程中，得到了师友的无私帮助，中国检察出版社编辑以优秀的专业素养确保了本书质量，山东大学书法艺术研究中心主任徐超老师为本书题写书名，在此也一并表示感谢！